«Al leer las páginas de *La familia saturada por la oración*, no pude evitar pensar que esta es la clave para un avivamiento y un despertar espiritual. En realidad, Cheryl Sacks no solo ha escrito un libro, sino que ha iniciado un movimiento. Le gustará este libro. Abunda en relatos que le harán reír y llorar. ¡Está saturado de esperanza!».

Cindy Jacobs, Generals International

«Cheryl Sacks ha escrito un libro práctico, funcional y bíblico. Ya esté creando usted una atmósfera de oración en su casa o tratando de cambiar el ambiente, *La familia saturada por la oración* proporciona los instrumentos necesarios. Su casa puede ser una casa perfumada de oración».

Dutch Sheets, fundador de Dutch Sheets Ministries

«Judith y yo estamos profundamente agradecidos a Hal y Cheryl Sacks por dirigir un movimiento de oración enérgico, eficiente y persistente por más de dos décadas en la ciudad que amamos. Lo mismo que Phoenix se ha beneficiado con los puntos de vista de Cheryl, sé que a usted también le aprovecharán. Ella escribe con amor, sabiduría y experiencia práctica para enseñarnos a relacionarnos con Dios a favor de las personas y lugares que amamos. *La familia saturada de oración* es un potente recurso que añadirá revelación a su manera de orar».

Terry M. Crist, pastor principal de Hillsong Phoenix

«Tiene que leer este libro. Cheryl domina el arte de la oración y ¡lo ha convertido en una ciencia que produce resultados! La zona cero de todo creyente es su casa. Uno no tiene plena jurisdicción sobre el diablo en el gobierno o la oficina de su jefe, ¡pero tiene el cien por cien de jurisdicción sobre el diablo en su mente y en su casa! *La familia saturada de oración* le mostrará cómo adueñarse de la atmósfera de su casa y establecer una cubertura celestial sobre usted y su familia».

Lance Wallnau, Lance Learning Group

La
FAMILIA REBOSANTE
DE ORACIÓN

La
FAMILIA REBOSANTE
DE ORACIÓN

*Cómo cambiar la atmósfera de
su hogar por la oración*

CHERYL SACKS

La familia rebosante de oración
© 2016 Cheryl Sacks
Espanol © 2024 Cheryl Sacks

Todos los derechos reservados. Ninguna parte de esta publicación puede ser reproducida, almacenada en sistemas de recuperación, o transmitida en forma o por medio alguno —por ejemplo, electrónico, fotocopia, grabación— sin el permiso previo y por escrito de BridgeBuilders International:
BridgeBuilders International Leadership Network
P.O. Box 31415
Phoenix, AZ 85046
www.BridgeBuilders.net
La única excepción son breves citas en reseñas impresas.

A menos que se indique otra cosa, las citas bíblicas usadas en este libro se han tomado de la versión de Reina-Valera © 1960 de las Sociedades Bíblicas en América Latina. © renovado en 1988 por las Sociedades Bíblicas Unidas. Usada con permiso.

El texto de las citas bíblicas identificadas como NIV® se ha tomado de la Santa Biblia, Nueva Versión Internacional®, NVI® (versión castellana). Copyright © 1999, 2005 by Biblica, Inc.® Usada con permiso. Todos los derechos reservados en todo el mundo.

El texto de las citas bíblicas identificadas como NTV se ha tomado de la *Santa Biblia*, Nueva Traducción Viviente, © Tyndale House Foundation, 2010. Usada con permiso de Tyndale House Publishers, Inc., 351 Executive Dr., Carol Stream, IL 60188, Estados Unidos de América. Todos los derechos reservados.

El texto de las citas bíblicas identificadas como PDT ha sido tomado de La Palabra de Dios para Todos, Copyright: © 2005, 2008, 2012 Centro Mundial de Traducción de La Biblia. Derechos reservados. Usado con permiso.

ISBN 978-1-952943-39-3
Anglais ISBN 978-0-8007-9806-2

Publicado por BridgeBuilders International
www.BridgeBuilders.net

Impreso en los Estados Unidos de América

A mis nietos Luca, Rocco,
y Cosetta Rose Reginelli, con amor

Índice

Primera Parte:
¿Qué sucede cuando las familias oran? | 1

1. Saturar de oración 3
   La mejor inversión que se puede hacer

2. El poder invencible de la familia que ora unida 17
   Tendrá influencia ante Dios

3. Momentos sagrados 31
   Reunidos ante el altar de la oración familiar

4. Cambiando el clima espiritual 43
   Cómo experimentar la atmósfera celestial

5. Incluyendo a Dios en la conversación 61
   Hablar con Él y escucharle

6. Orando por las necesidades de la familia 75
   La oración respondida fortalece la fe

7. Relaciones familiares duraderas 89
   El pegamento que mantiene todo unido

8. Luchando contra las fuerzas de las tinieblas 101
   Sabiendo hacer frente al enemigo

Segunda Parte:
Tiempo de actuar | 115

9. Cómo empezar 117
   Pasos prácticos para iniciar la oración familiar

10. Salto de vallas 129
Superación de obstáculos para lograr una vida de oración familiar pujante

11. Orando en todas las estaciones de la vida 139
Nunca es demasiado pronto ni demasiado tarde

12. Dedique su año al Señor 151
Un nuevo comienzo

Tercera Parte:
Inicio de una vida de oración familiar | 159

Guía de 31 días de oración familiar

Notas 199

Acerca de la autora 201

PRIMERA PARTE

¿QUÉ SUCEDE CUANDO LAS FAMILIAS ORAN?

CAPÍTULO 1

Saturar de oración

La mejor inversión que se puede hacer

Luca, nuestro nieto de seis años y su papá Marco, son grandes aficionados al deporte. Les encanta ver juntos programas deportivos en la televisión y asistir a partidos siempre que pueden.

Un domingo lluvioso por la tarde, Luca y Marco asistieron a un partido de fútbol de los Terremotos de San José, cerca de su casa. Ataviado con botas y un abrigo amarillo, Luca exhibía orgulloso el paraguas que sus padres le habían regalado. Cuando iban a entrar en el estadio, el guardia le dijo: «¡Nada de paraguas! Tendrá que dejar el paraguas en la entrada, y para que lo sepa, nosotros no nos hacemos responsables. No le garantizamos que siga ahí cuando ustedes regresen».

Luca renunció con lágrimas a su valioso paraguas. Temía que alguien pudiera robárselo y no volviera a verlo. Después que él y su papá se acomodaron en sus asientos, Luca se volvió a Marco. «Papá ¿podemos orar para que encontremos mi paraguas en el sitio que lo dejamos cuando acabe el partido? Marco puso su brazo sobre su hijo y juntos pidieron a Dios que cuidara del paraguas de Luca.

Esa noche, cuando salieron del estadio y miraron en el montón de paraguas, el de Luca estaba allí. Cuando llegaron a casa, en vez de correr para contar a todos cómo había sido el partido, Luca anhelaba contar la emocionante respuesta a su oración. Por supuesto, él había observado a sus padres orar juntos y había participado en la oración familiar, pero ese día fue él quien inició la oración; Luca se había lanzado a una vida propia, personal, de oración.

Usted podrá pensar que un partido de fútbol es un ambiente extraño para hablar de oración familiar. No obstante, esto es precisamente lo que significa que una familia sea saturada de oración —hablar con Dios y escucharle en todo momento, en cualquier lugar—, en los tiempos programados para la oración y como estilo de vida.

Hace años, cuando mi marido Hal y yo fuimos padres por primera vez decidimos educar a nuestra hija Nicole (mamá de Luca), en una atmósfera enriquecida con oración y adoración. ¿Teníamos una familia perfecta? ¡Claro que no! Pero creemos que nuestra entrega a estos hábitos ha provocado un impacto que se extiende aún más allá de nuestra generación. Nicole y su marido Marco están enseñando a su propia familia a conocer a Dios y a considerar la oración como parte natural de la vida cotidiana. ¡Qué magnífica recompensa!

Nuestros amigos Ben y Kara son padres de cinco hijos, con edades que oscilan entre los seis meses y los nueve años. Ellos afirman que orar en familia es la mejor inversión que han podido hacer.

SATURAR DE ORACIÓN

«Estamos educando a nuestros hijos lo mejor que podemos», dice Kara. «Sin embargo, no importa cuánta energía dediquemos a ser buenos padres, a veces fallamos. Pero, sabemos que si enseñamos a nuestros hijos que Dios es la fuente —que pueden acudir a Él en todo momento—, estarán equipados para afrontar cualquier cosa en la vida».

Ben y Kara oran por la mañana, cuando sus hijos se despiertan, y antes de emprender un nuevo día. Como sabe cualquier padre, las mañanas suelen ser frenéticas, de manera que no lo hacen complicado o religioso. Dan libertad a sus hijos para hablar con Dios de la manera que deseen comunicarse, para que sepan lo fácil que es orar. El niño de dos años suele sentarse en el suelo a orar, pero está observando y escuchando.

«Un día nuestra hija no se sentía bien», dice Kara. «De modo que nos reunimos alrededor de ella, le impusimos las manos y pedimos a Dios que la sanara. El niño de dos años se acercó y también le impuso las manos. Sé que en aquel momento él solo hacía lo que nos veía hacer, pero también estaba aprendiendo que acudimos a Dios cuando tenemos una necesidad —que Él es nuestra fuente».

Si sus oraciones son interrumpidas, dice Kara, o si no disponen de mucho tiempo, Ben y ella no dan mucha importancia al asunto. El que su tiempo de oración familiar consista de dos (o diez) minutos al día, es una inversión que puede aumentar.

Me encanta el caso de Marco y Luca de oración espontánea en un partido de fútbol, y el de la oración matutina flexible de Ben y Kara porque ambos ejemplos ilustran cuán sencilla y cuán profunda puede ser la oración familiar. Invitar a Dios a nuestra familia transforma la vida de todos los implicados, y aunque requiere cierto esfuerzo, es más fácil y más eficaz de lo que uno podría pensar. Conectar con Dios regularmente fortalece la fe y las relaciones más que ninguna otra cosa que pueda hacer la familia.

La presencia de Dios en su hogar

Podemos asistir a cultos de iglesia o conferencias esperando experimentar un refrigerio y tener un encuentro con su presencia, pero también podemos cultivar la visión de encontrarnos con Él regularmente en nuestra casa. Los evangelios nos muestran cuánto le *gusta* a Jesús pasar tiempo en casa de la gente —¡tanto que a veces se invita a sí mismo!

Jesús enseñó en el templo y las sinagogas, pero le vemos muchas más veces enseñando y haciendo milagros en casas: la de Leví, el centurión, Marta y María, Simón el leproso, Zaqueo, Mateo el recaudador de tributos, Pedro, y en el Aposento Alto, por mencionar solo unas pocas.

Vemos que Jesús cubre las necesidades más cruciales en todas las casas, llevando sanidad, liberación, libertad y perdón. Este mismo poder milagroso está también a disposición de nuestras familias.

El designio original de Dios —el cielo en la tierra

¿No nos gustaría a todos que nuestras casas fuesen un pedacito de cielo en la tierra? Anhelamos vivir en un lugar en el que podemos amar y ser amados, donde haya armonía, camaradería, seguridad y aceptación. ¿Sabía usted que esta es exactamente la manera en que Dios diseñó a la familia? El primer hogar se situó en el contexto de un jardín. El designio original de Dios fue que el hogar fuera como el cielo, que estuviera saturado de paz y de gozo. Realmente era el cielo en la tierra.

Adán y Eva debían ocupar sus días comunicándose con Dios, caminando y conversando con Él, cuidando del jardín, viendo que diera fruto y estuviera protegido. El Jardín del Edén es una imagen de lo que Dios desea para nuestras casas. Su presencia tangible estaba allí. Adán y Eva tenían todo lo que necesitaban en abundancia.

Dios dio a Adán y a Eva la tarea de vigilar su hogar en el jardín y prestar especial atención a todo lo que Él les mandaba. Desgraciadamente, ellos no cumplieron su asignación. La serpiente se acercó, la más astuta de todas las criaturas (véase Génesis 3). Satanás, por mediación de la boca de la serpiente, lanzó dudas sobre el amor y la bondad de Dios y persuadió a Adán y a Eva a abandonar el puesto de guardianes del jardín. En consecuencia, Adán y Eva perdieron su hogar feliz, lleno de la presencia de Dios.

Hay muchas similitudes entre el primer hogar y el nuestro. Dios desea que vivamos en paz y unidad, y que nuestros hogares sean lugares donde reina el amor y la satisfacción. Él quiere llenarlos de su presencia tangible. Y ciertamente, quiere que obedezcamos todas sus instrucciones atentamente, para alejar a las fuerzas destructivas.

El matrimonio y la familia fueron idea de Dios, parte de su designio original. Él proyectó que los matrimonios tuvieran éxito, que las familias crecieran juntas, disfrutaran unos de los otros, fueran una bendición para los demás miembros, se multiplicaran y bendijeran el mundo a su alrededor. Así pues, ¿no tiene sentido que Él concibiera un plan para que todo esto sucediese?

¿Por qué orar como familia?

En una homilía pronunciada en Australia en 1986, el Papa Juan Pablo II dijo: «Tal como va la familia, así va la nación y así también el mundo en que vivimos». La familia nuclear ha sufrido ataques en los últimos años en esta nación. Hay fuerzas malignas detrás de todo lo que podemos imaginar intentando destruir familias y distorsionar el concepto de lo que es una familia. Estas fuerzas son espirituales, y es inútil librar esta batalla con armas naturales. Necesitamos asistencia sobrenatural para vencerlas. Las estadísticas de divorcios, padres solteros, familias en crisis y sumidas en la pobreza, y otros problemas acuciantes pueden ser abrumadores. Las familias necesitan desesperadamente ser fortalecidas.

No podemos llevar esto a cabo en nuestras propias fuerzas. Para experimentar un cambio duradero, tenemos que rechazar las fuerzas opositoras de nuestra cultura e invitar a la presencia transformadora de Dios a nuestras casas.

Dios tiene una respuesta. ¡Él está en el negocio de sanar familias quebrantadas y transformarlas en pilares de la sociedad y en una fuerza poderosa para su Reino! El poder liberado mediante la oración conjunta es lo que hace la diferencia.

La oración conjunta fortalece y sana

Un matrimonio a punto de divorciarse concertó una cita con el pastor que les casó. Le pidieron consejo para salvar su matrimonio en ruinas. El pastor les preguntó si habían sido fieles en reunirse todos los días para leer la Palabra de Dios y orar en pareja. Ellos confesaron que no lo habían hecho. «Vayan a casa y den a su matrimonio otra oportunidad», les dijo.

Una noche, después de haber estado orando y leyendo juntos la Palabra de Dios, el marido se topó con unos versículos que dicen: «El amor es sufrido, es benigno; el amor no tiene envidia, el amor no es jactancioso, no se envanece; no hace nada indebido, no busca lo suyo, no se irrita, no guarda rencor» (1 Corintios 13:4-5). Con lágrimas en los ojos, puso a un lado la Biblia, echó sus brazos sobre su esposa y le pidió perdón. Le pidió perdón por las cosas crueles que había dicho y hecho a ella. La joven pareja oró y sollozó abrazada y experimentaron el significado de las palabras de Jesús cuando dijo: «Porque donde están dos o tres congregados en mi nombre, allí estoy yo en medio de ellos» (Mateo 18:20).[1]

Orar en familia influye en las generaciones futuras

Los niños que crecen en un hogar en el que se experimenta el poder y la presencia de Dios en medio de la oración familiar son más propensos a edificar sus propios hogares en torno a la oración y la devoción familiar. Ello asegura que el conocimiento de Dios se transmita a nuestros hijos y a los hijos de sus hijos. «No las esconderemos de sus descendientes; hablaremos a la generación venidera del poder del SEÑOR, de sus proezas, y de las maravillas que ha realizado... para que los conocieran las generaciones venideras y los hijos que habrían de nacer... Así ellos pondrían su confianza en Dios y no se olvidarían de sus proezas» (Salmos 78:4, 6-7, NVI).

Nate Dorn cuenta como estos principios han guiado a su familia por tres generaciones.

Todas las noches cuando eran muy pequeños, yo miraba a mis preciosos hijos sentados a la mesa para cenar. Cuando les miraba a los ojos, me invadía el pensamiento de que estos niños tenían un espíritu eterno —Dios les había concedido un destino.

Yo me hacía esta pregunta: *¿Cuánto importa el destino de este niño?* Me di cuenta que el destino de cada niño duraría por toda la eternidad. Todas las demás cosas de mi vida se marchitarían, pero esos niños tenían espíritus eternos. Yo les había engendrado, pero ¿cuál era mi responsabilidad espiritual para con ellos?

Cuando pensé por primera vez en apartar tiempos regulares de oración y adoración con mi familia, razoné que con nuestros horarios de trabajo sería imposible. Como profesor de biología en una universidad, tenía una agenda de trabajo bastante exigente. Mi esposa, Meegan, enseñaba a los niños y trabajaba fuera de casa por las tardes.

A pesar de nuestras vidas agitadas, me sentí obligado a hacer de la oración familiar una prioridad. Me convencí más profundamente leyendo acerca del ministerio del pastor puritano Richard Baxter, que animaba a los padres a ser responsables de la educación espiritual de sus hijos. Él comparó el hogar con una representación en miniatura de la Iglesia.

Me pregunté: *Si Dios, el evangelio, la oración, la familia son importantes para mí, o siendo el caso, para cualquier otra persona, ¿cómo lo sabrán mis hijos?*

Recordé mi propia crianza. Mi padre y el padre de él, siempre oraban y leían las Escrituras o un devocional todas las noches, por lo general, después de cenar. Yo sabía que si nuestros hijos iban a transmitir la tradición de una familia consagrada, tendría que inculcar en ellos la misma devoción a Jesús que me habían transmitido a mí.

Entre mi propia experiencia y lo que había estado leyendo acerca de la paternidad espiritual, resolví que tenía que hacer algo. Para ese tiempo teníamos dos niñas pequeñas, de dos y seis años, y un niño de seis meses. Una noche cuando el niño estaba en la cuna, dije al resto de mi familia: «Hagamos un círculo y cantemos juntos algunas canciones». Esa noche cantamos canciones cristianas infantiles, y después hicimos algunas oraciones. Después añadimos lecturas de un libro de historias bíblicas y devocionales a nuestro tiempo de oración y adoración familiar.

Yo no sabía realmente lo que estaba haciendo para aquel entonces, ni prometí que fuéramos a continuar. Pero actualmente tenemos siete hijos y nuestro tiempo de oración se ha prolongado durante ocho años.

LA FAMILIA REBOSANTE DE ORACION

La oración familiar desata un avivamiento nacional

Una familia que ora unánimemente tiene autoridad espiritual para pedir cualquier cosa conforme a la voluntad de Dios y creer que los individuos, la Iglesia, las ciudades y las naciones van a cambiar (véase Mateo 18:19).

Jesús dijo: «De cierto os digo que todo lo que atéis en la tierra, será atado en el cielo; y todo lo que desatéis en la tierra, será desatado en el cielo. Otra vez os digo, que si dos de vosotros se pusieren de acuerdo en la tierra acerca de cualquiera cosa que pidieren, les será hecho por mi Padre que está en los cielos. Porque donde están dos o tres congregados en mi nombre, allí estoy yo en medio de ellos» (Mateo 18:18-20).

La familia que ora es la primera línea de defensa contra las fortalezas del enemigo y la principal defensa contra el caos que impera en hogares, escuelas y naciones. Si las familias de los creyentes tuvieran la costumbre de reunirse regularmente para orar y adorar, veríamos cómo se encadenan las fuerzas de las tinieblas. ¡Veríamos una liberación del poder del Espíritu Santo para traer un flujo de avivamiento a la Iglesia y un despertar espiritual en el mundo!

A menudo un papá o una mamá dicen: «Toda nuestra familia ora y lee la Palabra de Dios, pero no juntamente. ¿No es esto igual de bueno?»

Siempre que *alguien* ora se desata gran poder: «La oración ferviente de una persona justa tiene mucho poder y da resultados maravillosos» (Santiago 5:16, NTV). No obstante, se desata un poder exponencial cuando se ora conjuntamente. Note la condición para tener acceso a este poder en el siguiente versículo: «Porque donde están dos o tres congregados en mi nombre, allí estoy yo en medio de ellos» (Mateo 18:20).

La familia que ora transforma la vida de los niños

Los niños son grandemente influidos por los modelos espirituales que se practican en sus casas. La oración y la adoración familiar regular ayudan a formar la constancia y la fiabilidad espiritual en la vida del niño. Y esta actitud hacia la vida y las cosas de Dios acompañarán al niño mucho después de abandonar la casa.

La oración en familia no solo influye en la felicidad de cada miembro del hogar —sus efectos se extienden mucho más allá de las cuatro paredes del hogar y alcanzan la vida moral, social y civil del país y del mundo—. Todo joven abre la puerta de su casa para adentrarse en el campo de la vida, y la manera en que nuestros jóvenes aprenden a conducirse en el hogar es la misma que observarán para conducirse en la cultura, transformándola para bien o para mal. Los hogares nos proporcionan los hombres y las mujeres que serán los ladrillos y el cemento de la nación.

La familia es el elemento clave de la sociedad, tanto económica como socialmente. Dios estableció la familia como piedra angular de la sociedad, como bloque básico y fundamental de las naciones. Si contamos con familias más fuertes, tendremos mejores escuelas, iglesias más firmes y comunidades más sólidas en las que habrá menos pobreza y menos crimen.

Pequeña inversión, enorme impacto

Hay pocas cosas que importan en la vida, una de ellas es la familia. La otra es nuestra relación con Dios por medio de la oración. Una de las verdades más formidables de la vida es el «Principio 80/20». Este principio sostiene que un pequeño número de factores influyen en la mayoría de los resultados. La vida familiar ofrece un ejemplo excelente de este postulado: las cosas pequeñas y constantes que hacen las parejas para afirmarse mutuamente, y que invierten los padres en sus hijos, son las que producen una vida de buenos frutos, aun hasta la próxima generación. Los esfuerzos pequeños, pero bien dirigidos, pueden producir resultados enormes.

En su excelente libro *El Principio 80/20*, el autor Richard Koch señala:

▸ La mayoría de la gente dedica *buena parte* de su energía a muchas cosas, en vez de una reflexión superior y un esfuerzo extraordinario a pocas cosas importantes.

▸ La mayoría de las personas dedican gran parte de su tiempo a actividades de poco valor para ellos y para otros.

▸ Las personas que más consiguen son selectivas, y también resueltas.[2]

Para muchos de nosotros, las cosas que más importan están a la merced de las que menos importan. Aplicando las conclusiones de Koch, vemos que la decisión de que la oración familiar sea prioritaria en el hogar es una de esas decisiones menores que producirá enormes resultados. Puede acarrear las cosas que

SATURAR DE ORACIÓN

más importan: una relación dinámica con el Señor, una familia estrechamente unida que crece espiritualmente y un hogar en el que se practican la paciencia, el gozo, el amor y se experimenta la presencia de Dios.

La respuesta de Dios para nuestra familia es sencilla, humilde e increíblemente eficaz. Su promesa a las familias estresadas es: «Venid a mí todos los que estáis trabajados y cargados, y yo os haré descansar. Llevad mi yugo sobre vosotros, y aprended de mí, que soy manso y humilde de corazón; y hallaréis descanso para vuestras almas; porque mi yugo es fácil, y ligera mi carga» (Mateo 11:28-30).

¡El tiempo y el esfuerzo dedicado al crecimiento de la familia en el Señor y al clima espiritual de su hogar resultará ser la mejor inversión que podría hacer! Como sucede con todas las buenas inversiones, se siembra una pequeña semilla y se recoge una gran cosecha.

CAPÍTULO 2

El poder invencible de la familia que ora unida

Tendrá influencia ante Dios

Doug y Arlyn vivían en una zona rural donde las casas estaban bastante esparcidas y había poco contacto entre los vecinos. No sabían mucho de sus vecinos, de modo que cuando su iglesia lanzó una iniciativa de oración evangelizadora por el vecindario, la tarea les pareció inmensa.

Juntaron a sus cinco hijos y comenzaron con una estrategia de oración por su barriada. Dibujaron un mapa de las calles que accedían directamente a su casa, y etiquetaron las casas con la escasa información que disponían de sus vecinos. Los huecos tendrían que ser rellenados con respuestas obtenidas en oración.

Empezaron a dar paseos regulares de oración por el vecindario. Cuando pasaban delante de una casa, buscaban pistas que indicaran las necesidades de la familia que vivía en ella y cómo podían orar. Con frecuencia se detenían ante una casa, al observar su aspecto de abandono. Un día se presentó la policía y Doug y Arlyn se enteraron de que el hombre que vivía en aquella casa había sido arrestado, acusado de violencia doméstica.

Oraron fervientemente para que sucediera un milagro en aquella familia.

No mucho después, la misma familia se presentó en la iglesia de Doug y Arlyn. La mujer dijo: «Nuestra vida es un desastre y necesitamos ayuda. Cuando yo era una niña pequeña, un autobús se acercaba a nuestro parque de caravanas a recogerme para llevarme a la escuela dominical. Esta era la iglesia donde me traía. No sabía a qué otro sitio podría acudir».

La mujer y su novio, con quien cohabitaba, se entregaron a Cristo y se casaron. El marido quedó libre de una larga adicción al alcohol y las drogas. Otros vecinos también se entregaron a Cristo y el marido fue librado de su adicción. Los cuatro nuevos creyentes se incorporaron al pequeño grupo de estudio bíblico que se reunía en la casa de Doug y Arlyn y se sumaron a los paseos de oración.

Mientras paseaban y oraban por el vecindario, el poder de Dios realmente fue transformando la zona. Una casa donde se consumía droga, que formaba parte de una banda de robo de vehículos, fue cerrada y demolida y en su lugar se construyó una hermosa casa. La casa abandonada de al lado se vendió a una familia misionera que se instaló en ella y contribuyó a cambiar el clima del barrio.

El grupo pequeño que se reunía en casa de Doug y Arlyn siguió creciendo. Al grupo asistían dos alguaciles, uno dirigía un equipo de operaciones especiales y el otro una brigada antinarcóticos. Al mismo tiempo, nuevos creyentes, que se esforzaban por dejar atrás su adicción y su antiguo estilo de vida, se iban sumando al grupo y todos se reunían para orar y adorar al

Señor. Era un grupo variado, cuando menos curioso. El grupo acabó dividiéndose y multiplicándose para reunirse en otras casas —porque éramos demasiados para seguir reuniéndonos en una casa.

Reconstruyendo vecindarios

No importa cuán difícil uno piense que es su vecindario, Dios puede usarlo a usted y a su familia para mostrar su poder y su presencia en el mismo. Hal y yo siempre hemos tenido la costumbre de orar por nuestros vecinos. Una vez vivíamos en un vecindario y sentimos que debíamos orar por las personas que vivían detrás de nosotros, aunque no les conocíamos. Oramos que si no conocían al Señor, vinieran a conocerle. Nos ofrecimos a ser usados por Él para bendecirlos.

Su hija y la nuestra, de unos cuatro años para aquel entonces, entablaron una relación y conversaban a través de la valla que separaba nuestros patios. Un día de fuerte tormenta, sopló un viento huracanado que derribó la valla. Las dos niñas, encantadas, corrían a un lado y otro de la valla.

En las semanas siguientes, cuando el padre reconstruía la valla, Hal le guió al Señor. También oró por él y el hombre fue liberado de una adicción a la droga. En los meses siguientes tuvimos el privilegio de dirigir al resto de la familia a Cristo y de asistir a su bautizo en nuestra iglesia.

En la Biblia, un hombre llamado Nehemías sospechó que su propia ciudad no tenía esperanza. Inquirió acerca de cómo iban las cosas en Jerusalén y le respondieron:

«Les pregunté por los judíos que habían regresado del cautiverio y sobre la situación en Jerusalén. Me dijeron: «Las cosas no andan bien. Los que regresaron a la provincia de Judá tienen grandes dificultades y viven en desgracia. La muralla de Jerusalén fue derribada, y las puertas fueron consumidas por el fuego». Cuando oí esto, me senté a llorar. De hecho, durante varios días estuve de duelo, ayuné y oré al Dios del cielo.

Nehemías 1:2-4 NTV

La oración de Nehemías por su ciudad condujo a su reedificación, en la que participaron otras familias. Cada una de ellas recibió la responsabilidad de reconstruir la sección del muro que caía enfrente de su casa. «Con una mano trabajaban en la obra, y en la otra tenían la espada» (Nehemías 4:17).

Hay varias lecciones en esta historia, pero hay una clave importante que conviene recordar cuando vemos cosas que afligen nuestro corazón, como el estado de nuestras ciudades, vecindarios, escuelas o país: podemos hacer más que afligirnos. Nehemías se afligió, pero no se detuvo ahí. Oró. Pero no se detuvo ahí. ¡Actuó! En la vida de Nehemías vemos que

Oración + acción = transformación

Dios suele responder a la oración a través de los actos de las personas —personas como usted y como yo que no temen dar un paso al frente y hacer la obra que creemos que Dios nos ha asignado. Puede que incluso tengamos que actuar cuando sea contracultural o peligroso, como cuando la gente de Nehemías trabajaba con una mano y empuñaba un arma en la otra. Los vecinos pueden reírse y pensar que estamos locos si nos ven pasear de casa en casa y detenernos a orar, ¡Pero eso no debe detenernos!

Como familias, podemos pedir a Dios que abra nuestros ojos para ver el lugar donde Él quiere que provoquemos un impacto. Por medio de la oración, las familias pueden participar en la reconstrucción de los muros arruinados de nuestro país y del mundo.

Bendecidos para ser de bendición

Con todo el dolor y el sufrimiento del mundo, por no mencionar los peligros que acechan en cada esquina (si uno escucha las noticias de cada día), puede resultar tentador para las familias atrincherarse a modo proteccionista, tanto práctica como espiritualmente. La primera oración de un padre es normalmente: «Señor, cuida de mis hijos».

Una de las oraciones más fascinantes en la Biblia es la de un hombre gris caracterizado en el famoso libro *La oración de Jabes*, por Bruce Wilkinson. La Biblia dice: «E invocó Jabes al Dios de Israel, diciendo: "¡Oh, si me dieras bendición, y ensancharas mi territorio, y si tu mano estuviera conmigo, y me libraras de mal, para que no me dañe!» (1 Crónicas 4:10). El pasaje añade que Dios le concedió su petición.

Lo que me parece destacable de la oración de Jabes es que aunque pidió a Dios que le bendijera (lo cual es comprensible), no se quedó ahí. «Ensancha mi territorio», siguió diciendo. Creo que lo que Jabes pidió es que se le permitiera desplegar mayor influencia para Dios. Estas son las oraciones que a Dios le gusta responder —cuando no solo le pedimos que *nos bendiga*, sino también que *nos use para bendecir.*

Cuando nuestra hija Nicole era muy pequeña, Hal y yo empezamos a orar que el Señor la preparara para afrontar los desafíos del mundo en el que iba a crecer. Sentimos que el Señor nos decía que sería un mundo muy distinto del que conocíamos. Oramos que Dios la protegiera y la llenara de coraje y propósito divino, que la capacitara para marcar una diferencia en su mundo.

Ese es el llamado de Dios para todos y cada uno de sus hijos —que usemos nuestra influencia para «ocupar territorio» para Dios, y cambiemos el ambiente espiritual en todo lugar al que vayamos llevando con nosotros la presencia y el poder de Jesús. Pero, «gracias a Dios que en Cristo siempre nos lleva triunfantes y, por medio de nosotros, esparce por todas partes la fragancia de su conocimiento» (2 corintios 2:14, NVI).

¿Dónde puede estar llamando Dios a su familia para ser de bendición? Lo descubrirá a través de la oración. A veces, la oración puede llevar a su familia a pedir a Dios que se mueva de manera concreta por personas específicas, o puede conducir a su familia a una aventura.

Oración conjunta —en todas partes

El sol brillaba intensamente sobre el cercano Gateway Arch de St. Louis, mientras Henry y Cindy Smith, y sus dos hijos adolescentes, agarrados de la mano, oraban con todo su corazón:

«Señor, fortalece a nuestros líderes nacionales y a los hombres de nuestro país. Trae arrepentimiento y avivamiento en la Iglesia de Estados Unidos», oró Henry.

«Oh Dios, perdónanos y ten misericordia de nosotros por el pecado del aborto en nuestro país. Trae avivamiento y renueva el corazón de las mujeres, atráelas a ti», suplicó Cindy.

«Señor, trae un avivamiento en la juventud», pidió Sheri, de dieciséis años. «Fortalécela para que pueda rechazar la inmoralidad. Bendice a mis amigas, estrecha nuestros lazos en este viaje y atrae mi generación a ti, Dios».

Josh, de trece años, oró: «Que todos los niños de los Estados Unidos te conozcan, y que puedan hablar contigo en las escuelas. Y, Señor, protégenos en este viaje. . . y ayúdanos a encontrar un baño *pronto*».

Usted habrá oído probablemente hablar de marchas y paseos de oración, pero ¿ha oído alguna vez hablar de viajes de oración? Los Smith emprendieron un viaje de oración por todo el país, se dirigieron hacia el oeste por la I-64 desde su hogar en Virginia, e hicieron su primera parada en Gateway Arch, St. Louis. Pasaron un mes conduciendo por las autopistas y carreteras interurbanas del país, marcando con rutas y destinos el dibujo de una cruz gigantesca sobre EE.UU. Dios les aseguró que guiaría su camino y les mostraría cómo orar.

Cada día de viaje de los Smith acarreó bendiciones especiales y asignaciones para interceder. Manteniendo abiertos los ojos y los oídos, Dios les mostró por qué cosas debían de orar. Por ejemplo, al cruzar ríos importantes del país, les impresionó la contaminación en todas las vías fluviales. Tomando esto como ilustración de la corrupción moral generalizada en el país, intercedieron por los medios, en contra la pornografía y en contra de todo lo que contamina las mentes y los corazones de nuestro pueblo.

Un viaje de oración implica conectar con la familia, con Dios y con todas las cosas que ve en derredor. Uno desarrolla el hábito de ver la vida como una ayuda visual a la oración. Tal vez no todos podamos desconectarnos de todo por un mes, pero sí podemos orar mientras conducimos por monumentos históricos, edificios públicos, hospitales, iglesias, escuelas, parques infantiles y cárceles. Y si somos fieles en la oración, un día, en el cielo, comprenderemos el gran impacto que tuvo sobre nuestra oración.[2]

Orar para cambiar vidas

A veces el pedir a Dios que use a nuestra familia y nos permita ser una bendición nos conducirá a la acción cuando menos lo esperamos. Cuando elevamos este tipo de oraciones como familia, ¡siempre debemos estar dispuestos a actuar!

Cuando Len Munsil hizo campaña para las elecciones de gobernador del estado de Arizona en 2006, él y su familia solían aparecer juntos durante el periodo de campaña. Una de esas ocasiones fue el 4 de julio, cuando se celebró el desfile del Día de la Independencia en el centro de Prescott, Arizona. Al finalizar el desfile vieron a una funcionaria del gobierno del estado y su marido que les saludaban agitando las manos. La mujer, angustiada, explicó a Len y su familia que el hijo de cinco años de una empleada de su personal que había desfilado en una de las carrozas se había perdido. En algún momento durante la ruta, se había bajado de la carroza y desaparecido entre la multitud. Mientras se procedía a la búsqueda, la funcionaria les pidió que oraran.

De modo que Len, su esposa Tracy y todos sus hijos, con la funcionaria y su marido juntos, inclinaron la cabeza para pedir a Dios que les revelara el paradero del niño. Cinco minutos después oyeron una gran noticia: lo habían encontrado. La oración conjunta de dos familias unidas había sido prontamente contestada.

Esta no fue una aventura de oración especial para la familia Munsil. La oración constituía una parte regular de su rutina familiar. Y aunque tenían un padre famoso, todos sabían que no era el único con un gran propósito en la vida. Reconocieron que cada uno de ellos —desde el mayor hasta el menor— tenía dones y llamado de Dios, y que Él quería usar a cada uno de ellos para cambiar el mundo.

De manera que sus tiempos de oración familiar no solo consistían en orar por el futuro de Len como cristiano en el gobierno y la política, sino por el designio y la vocación singular de cada miembro de la familia.

Orar para desatar el destino

Len y Tracy Munsil pasaron años orando con y por sus hijos, y compartieron sus ideas acerca de cómo otras familias pueden hacer lo mismo. Tracy dice: «Podemos pedir al Señor que nos dé palabras vivificantes para pronunciarlas en voz audible sobre nuestros hijos. Podemos afirmar y reclamar su pleno potencial en Cristo». Los Munsil pidieron a Dios que les diera palabras para afirmar la visión de Dios para sus hijos, les mostrara su singularidad y ayudara a cada uno a ver y abrazar su identidad individual en Cristo.

Tracy y Len se sentaron y escribieron una declaración de misión familiar y la colgaron en la mesa de la cocina —un recordatorio para elevar una rápida plegaria, o volver a centrarse en quién Dios les había llamado a ser como familia. Intentaron expresar un hondo sentir de quién es Dios y el carácter de cada uno de sus hijos.

Sus hijos son ya mayores y están transformando la cultura ejerciendo distintas profesiones: derecho, periodismo, ejército, televisión e iglesias locales. No es difícil ver cómo usa Dios en gran manera a esta familia que ora. Cada uno de ellos está estratégicamente situado como persona influyente y agente de cambio. El fundamento de la oración familiar proporcionó a cada miembro el apoyo y la fuerza necesarios para avanzar y marcar una diferencia en el mundo.

Orar por transformación

A veces Dios usa a nuestras familias para cambiar el ambiente espiritual de nuestro entorno, y otras veces usa a los miembros de la familia de forma individual. Podemos orar juntamente por la asignación individual de cada miembro de la familia, para que cuando salgan cada día a la calle sean portadores de la presencia de Dios. En cada paso que den, pueden cambiar la atmósfera de tinieblas a luz, y participar en la transformación de la cultura.

Michael, hijo de Stephanie, solo tenía cinco años cuando ella se quedó sola. Como madre soltera y única proveedora de la familia, tenía que trabajar a tiempo completo durante el día y asistir a la escuela de enfermería por la noche.

«Fue un tiempo muy difícil; me preocupaba el no poder pasar tiempo suficiente con mis hijos», dice Stephanie. «Temía que mi hijo Michael siguiera los pasos de su padre, que no era cristiano y estaba ausente de la familia aun durante los años que estuvimos casados».

Cuando Michael tenía unos trece años, empezó a tomar algunas malas decisiones. Stephanie observaba su conducta y se preocupó cada vez más por él. «Señor, haré cualquier cosa por ti, con tal que salves a Mike», oró.

¡Entonces entrégamelo!, respondió el Señor.

«Era difícil no ceder al temor», dice Stephanie. «Yo sabía que no podía centrarme en las circunstancias, en lo que podía ver con mis ojos naturales. De modo que acudí al Señor y le pregunté: «¿Cómo ves a mi hijo? ¿Qué lo has llamado a ser y hacer?»

Sus peticiones a veces se tornaron en declaraciones: «Aun en los momentos más oscuros, tú velas por Michael y le atraes hacia ti».

A los 23 años Michael tuvo un grave accidente de automóvil que casi le cuesta la vida. El accidente y las seis semanas que tuvo que pasar en el hospital fueron una llamada de atención para Michael. Un año después, entregó su vida al Señor.

LA FAMILIA REBOSANTE DE ORACION

«Yo continué pidiendo a Dios que diera a Michael oportunidades insólitas y contactos divinos», dice Stephanie.

Después de su salvación, Michael pasaba horas con el Señor preguntando al Padre qué quería que hiciese. Dios empezó a hablar a su corazón acerca de los estudiantes del instituto al que él había asistido. Entre uno y tres estudiantes por mes consumían sobredosis de droga. La moral de los alumnos estaba por los suelos. El centro fue sometido a un período de prueba por el Departamento de Educación, tras haberse clasificado por debajo del mínimo 25 por ciento del nivel académico del estado.

Mientras Michael oraba y preguntaba al Señor qué debía de hacer al respecto, surgió un plan. Alquilaría el auditorio del instituto y entraría en 24 horas de oración ininterrumpida. Entonces movilizó grupos de jóvenes y equipos de adoración de iglesias de toda la ciudad para liderar franjas de tres horas de oración y adoración. Durante la vigilia de oración imploraron que la presencia de Dios viniera y cambiara la atmósfera espiritual del centro. Suplicaron que el consumo de drogas y las sobredosis disminuyeran y aumentara el nivel de los registros académicos.

Poco después, se presentó en el instituto una intervención especial con varios agentes de orden público y perros para hacer una batida de estupefacientes. Se buscó en cada casillero y mochila, y por primera vez, que alguien recordara, no se hallaron drogas. A partir de ese día el centro no ha sufrido ningún otro incidente de sobredosis. En un año la clasificación académica del centro escaló desde el mínimo a un 25 por ciento más alto. Al año siguiente se clasificó en la categoría «A»; y al año siguiente mejoró hasta alcanzar la categoría «A+» y fue mencionado en la revista *US News and World Report* como uno de los mejores institutos del país

Este habría sido un relato extraordinario si hubiera acabado ahí la cosa, pero no fue así. Michael y su grupo alquilaron auditorios de institutos por todo el estado y celebraron vigilias de oración y adoración de 24 horas. Se centraron en las necesidades específicas de cada instituto y vieron ocurrir milagros, como el ascenso de los niveles académicos, la concesión de fondos para becas que ni siquiera se habían solicitado y millones de dólares en donaciones a los pobres, a escuelas con problemas para hacer reparaciones, financiación de equipos deportivos y más profesores.

Un chico común con una madre que oraba, y que no quiso rendirse, se convirtió en un agente extraordinario de transformación en las manos del Señor.

«Escudriñe la Palabra y descubra lo que su hijo ha de ser y hacer», dice Stephanie. «Mantenga luego sus ojos en esa visión, y no deje de orar».

CAPÍTULO 3

Momentos sagrados

Reunidos ante el altar de la oración familiar

M i amiga Teresa Tay relata una cosa sencilla que hizo su familia y que produjo resultados milagrosos:

Un día mientras oraba, oí que el Señor me decía, *Teresa, quiero que edifiques un altar familiar.*

«Señor, ¿qué significa eso?», le pregunté.

Sentí que me estaba pidiendo que iniciara un tiempo regular de oración y adoración por mi familia. Pero ¿cómo iba esto a ser posible si nuestros dos hijos ya eran mayores y estaban casados? Respondí al Señor que estaba dispuesta pero que necesitaba un plan. Mientras esperaba, una idea sencilla me vino al corazón. Llamé a cada miembro de mi familia y les sugerí que oráramos y ayunáramos juntos todos los jueves. Todos ayunaríamos el desayuno y la comida, y después nos reuniríamos en casa para cenar. Todos aceptaron.

Después de la cena adorábamos al Señor y orábamos juntos. Para guiar el tiempo de oración les hice una sola pregunta: «¿Qué quieren que Dios haga por ustedes la semana que viene?»

Mi nuera es médica. Ella dijo que quería ver sanidades y milagros en su consulta, de modo que todos oramos en común acuerdo. A las tres semanas, el Señor empezó a responder. Desde que empezamos el altar familiar de oración semanal, mi nuera ha visto pacientes sanar de tumores, mujeres que no podían concebir quedar embarazadas y muchas jóvenes liberadas de la depresión y otros problemas graves.

¡Poco después, deseábamos que llegara la siguiente sesión para enterarnos de lo que Dios había hecho en la vida de todos y cómo estaba respondiendo a nuestra oración!

Toda esta familia conoce al Señor y ora, pero nadie había visto tales resultados. ¿Por qué un acto sencillo de obediencia produce tantos milagros? Yo creo que se debe a que obedecieron al Señor construyendo un altar familiar. Al reunir a la familia para dedicar un tiempo determinado de oración semanal, y combinarlo con medio día de oración, pudieron ver avances que nunca habían experimentado.

Toda familia es especial y su forma de orar es singular. ¿Cómo desea Dios que *la familia suya* se conecte con Él? ¿Por qué no pedirle un plan que funcione para ustedes?

Usted puede estar soltero o casado, con hijos o sin ellos, ser padre o madre soltera, u ocupar un nido vacío —no importa en qué fase de la vida se encuentre—. Puede reunir a sus seres queridos para pasar un tiempo sagrado, apartado, ante el altar familiar.

Si usted no vive con su familia o si es el único que quiere orar, recuerde que forma parte de la familia de Dios. Se puede reunir con amigos y orar por las familias de cada uno. Aunque nadie quiera acompañarlo, edifique un altar usted mismo. Dios honrará su fidelidad y se encontrará allí con usted.

La estrategia divina para disipar las tinieblas

En 1992, cuando intervenía en una conferencia de oración, recibí una clara visión del Señor que desde entonces me ha atrapado. En ella, miré por toda la nación y vi hogares, antes tenebrosos, irradiar repentinamente con luz viva. Después oí la voz del Señor que me decía: *«El avivamiento llegará a los Estados Unidos cuando el altar familiar sea restaurado».*

Oré inmediatamente y pedí al Señor que me confirmara esta palabra. Para ser honesta, pensé, *¿cómo puede una idea tan sencilla, como la de familias que oran juntas, ser la respuesta a los problemas profundamente arraigados del país?*

Entonces un joven se acercó al micrófono y oró las palabras exactas que yo acababa de oír: «Señor, te pedimos que restaures el altar familiar en los hogares estadounidenses».

A través de esta visión oí que Dios me decía que las tinieblas en los hogares individuales se convierten en tinieblas de la nación. La Biblia describe la oscuridad espiritual sobre una nación: «…las tinieblas cubren la tierra, y una densa oscuridad se cierne sobre los pueblos» (Isaías 60:2, NVI).

La palabra hebrea traducida por «densa oscuridad» significa «nube negra y tenebrosa». Si usted ha visto fotos de Pekín un día especialmente contaminado, tendrá una idea de lo que significa vivir sumido en una nube oscura. La contaminación es tan alta que la gente tiene que llevar máscaras y taparse la cara por la calle; no se puede ver a través de la bruma, e incluso los edificios cercanos están oscurecidos por la contaminación.

Esta es una viva imagen de la atmósfera tóxica en que muchas familias se resignan a vivir. El cielo es nuestro verdadero hogar, pero Dios quiere que vivamos y respiremos el aire espiritual impoluto de la santidad, la paz, el gozo y el amor aquí en la tierra. Cuando la atmósfera celestial disipa las tinieblas de nuestro hogar, dejamos atrás una contaminación densa y asfixiante y pasamos a respirar el aire cristalino de una pradera alpina. Donde se ha establecido un altar familiar, el hogar puede brillar con una luz que ni siquiera la más negra depravación cultural puede apagar. «La luz en las tinieblas resplandece, y las tinieblas no prevalecieron contra ella» (Juan 1:5).

Es más que una inspiración profética o una teoría idealista. Al restaurar la oración familiar, Dios concede a su pueblo una llave espiritual que abre las ventanas y hace que entren la luz y la atmósfera transformadora del cielo. ¿Qué cambios ocurrirían en su familia si se detuvieran a orar una vez al día o una vez a la semana? Tal vez ya lo haya intentado todo para resolver los grandes problemas de su familia. Nunca se sabe lo que puede pasar si nos arrodillamos juntos y exponemos nuestras circunstancias imposibles delante del Señor.

Una puerta de acceso entre el cielo y la tierra

En los tiempos bíblicos los altares eran lugares en los que el hombre se encontraba con Dios para adorarle a través de la oración y el ofrecimiento de sacrificios; eran dedicados como lugares específicos de comunión con Dios. Noé, Abraham, Moisés, Josué, Gedeón, Samuel, David y Elías edificaron todos ellos altares al Señor. En ellos ofrecían sacrificios por la purificación espiritual del pueblo de Dios, para limpiar la tierra y reclamarla para el Reino de Dios. Al invocar a Dios y solicitar que su presencia morara allí, contendían apasionadamente con las tinieblas espirituales que intentaban dominar la tierra. Sus altares hacían las veces de punto de encuentro, de «puerta de acceso» espiritual entre el cielo y la tierra.

Resulta claro en la Biblia que los altares pueden provocar un impacto duradero en el ámbito espiritual, extendiéndose incluso a muchas generaciones. Está por demás decir que el enemigo se opone ferozmente a estos lugares establecidos de acceso espiritual.

Ya no es necesario ofrecer sacrificios sobre un altar de piedra para tener acceso a Dios. «Por su muerte, Jesús abrió un nuevo camino —un camino que da vida— a través de la cortina al Lugar Santísimo» (Hebreos 10:20 NTV). Por medio de la muerte sacrificial de Jesús podemos acercarnos al trono de Dios sin impedimento.

Para el cristiano, el altar se encuentra, ante todo, en su corazón. Desde nuestros corazones buscamos al Señor, tenemos comunión con Él, «Así que acerquémonos confiadamente al trono de la gracia para recibir misericordia y hallar la gracia que nos ayude en el momento que más la necesitemos. (Hebreos 4:16, NVI).

Cuando una familia se reúne para orar y adorar a Dios, edifica un altar espiritual que abre una vía de acceso entre los recursos del cielo y su hogar.

LA FAMILIA REBOSANTE DE ORACION

Momentos sagrados en lugares sagrados

«Nuestro altar de oración es más móvil que otra cosa», dice Matt de sus tiempos de oración con Alia.

Damos paseos y hacemos caminatas de oración, y también oramos mientras vamos en el auto. Cuando Alia y yo nos comprometimos, solíamos ir a un lago cercano a orar. En los quince minutos que tardábamos en dar la vuelta al lago, orábamos por nuestro futuro. Pedíamos por la economía, por el lugar en el que Alia iba a trabajar al año siguiente, por un lugar donde vivir.

Un día fuimos de caminata al Catalina State Park, hasta un lugar llamado Pozas Romero, donde hay piscinas naturales y formaciones rocosas. La zona está como a una hora y media de camino. Cuando regresábamos nos quedamos sin agua. Era un día realmente caluroso y no sabíamos qué hacer.

«Oremos por agua», dijo Alia.

«Bueno, tú oras por agua», dije yo. En realidad, no creía que iba a pasar nada. Pensaba, Señor, *¿de dónde nos vas a enviar agua?*

Pocos minutos después, una pareja apareció en una curva y nos dijo: «Hola, tenemos agua de sobra, ¿queréis un poco?»

Mi buena amiga Cindy Jacobs cuenta la manera singular en que su marido Mike y ella oran juntos, y el lugar sagrado que les ayuda a concentrarse en Dios:

Mike y yo tenemos un lugar especial donde vamos a orar juntos cuando afrontamos situaciones desesperadas —cuando un miembro de la familia está gravemente enfermo o no tenemos dinero en el banco y se acumulan las facturas—. Es también el lugar donde vamos cuando estamos en profundo desacuerdo y ambos sentimos que tenemos la RAZÓN.

Tenemos una banqueta acolchada a los pies de nuestra cama. No es bonita ni decorativa, pero es nuestro lugar especial. Sencillamente nos arrodillamos en ella y nos tomamos de la mano. No voy a mentir ni decir que es cosa fácil de hacer cuando estamos en desacuerdo, pero lo hacemos, aunque no tengamos ganas. Nos miramos a los ojos y cada uno expone cómo ve la cosa. Nos escuchamos mutuamente y después oramos.

Esto puede ser una forma MUY efectiva de consejo matrimonial. Ello se debe a que es difícil sentirse orgullosa o enfadada cuando una se arrodilla, más aún, cuando una mira a los ojos de la persona que ama. Normalmente uno de nosotros, o ambos, nos damos cuenta que estamos equivocados. Desde esta humilde posición ventajosa, las cosas que hemos discutido se ven muy pequeñas y nos sentimos ridículos por nuestra manera de actuar. Nos pedimos perdón, nuestro amor mutuo se reaviva, y se restaura nuestra paz y unidad.

Un lugar sagrado en su casa

Aunque cada altar familiar es especial, todos tienen algo en común: las familias se reúnen en momentos concretos para orar, leer las Escrituras o tener comunión mientras experimentan la presencia de Dios. En capítulos posteriores, hablaremos de los pormenores de edificar un altar de oración familiar, incluyendo cómo vencer los obstáculos que pueden surgir y sugerencias creativas para que el tiempo resulte más interesante. Por ahora, echemos un vistazo al propósito de Dios para edificar un altar familiar y qué aspecto puede ofrecer en su casa.

Un lugar de encuentro con Dios

Una forma de empezar es comenzar a orar a la hora de las comidas, o por la noche, con los niños al lado de la cama, orar con ellos de camino al colegio o antes de los eventos deportivos. Todas estas, y otras, son formas maravillosas de establecer un estilo de vida de oración. No obstante, algo muy especial e impactante ocurre cuando se aparta un tiempo regular para tener un encuentro con Dios. En esos momentos tranquilos, aclaramos la mente para comprometernos a adorar al Señor, a centrarnos en su bondad, misericordia y fidelidad. Nos disponemos a oír su voz más claramente y a recibir paz y dirección. Muchas familias dan testimonio de que al dar a Dios prioridad de esta manera, comienzan a experimentar más fruto y menos obstáculos durante el resto de la semana.

Un lugar para ser purificados por Dios

El altar familiar es un lugar para orar y reflexionar, donde podemos confesar abiertamente y arrepentirnos de actos que desagradan a Dios/y ofenden a otros. Los padres pueden dar ejemplo de humildad y honestidad al estar dispuestos a pedirse perdón si han ofendido a alguno en la familia. Un padre que yo conozco, que guía a su familia de siete hijos a la oración y la adoración, me confesó: «Cuando alguno de nosotros pide perdón, es también importante declarar y responder que tanto usted como Dios lo perdonan en el nombre de Jesús y que son restaurados. Las palabras habladas tienen poder».

Un lugar donde adorar a Dios

Dios mostrará su presencia tangible a los que dedican tiempo a adorarle sin ninguna otra agenda. Empezará literalmente a sentir un cambio de atmósfera cuando, en un espíritu de unidad, usted y su familia le adoren con cánticos y se centren en su amor y su bondad. A medida que usted y su familia se entregan de corazón a adorarle, experimentarán una nueva armonía entre ustedes y una unidad con el Señor. Después de tales ocasiones, todos y cada uno se sentirán renovados y las oraciones que surjan estarán más inspiradas a medida que el Espíritu Santo insufla vida y fe en ellos.

Un lugar de sacrificio

El sacrificio incalculable de Jesús en la cruz nos proporciona un pacto eterno (una relación contractual inquebrantable) con Dios. Puesto que ya no necesitamos ofrecer sacrificios sobre una piedra o altar de madera como en los tiempos bíblicos, ¿qué sacrificio podemos ofrecer hoy al Señor? Dios está buscando corazones humildes y arrepentidos (véase Salmos 51:17), y a Él le gusta la generosidad, la alabanza y la obediencia. «Así que, ofrezcamos siempre a Dios, por medio de él, sacrificio de alabanza, es decir, fruto de labios que confiesan su nombre» (Hebreos 13:15).

Un lugar de oración

A menudo estamos tan ocupados que olvidamos escuchar las necesidades del otro u orar por las personas más cercanas a nosotros. Apartando tiempo para la oración regular conjunta, preparamos un lugar para ese momento vivificador en el que prestamos atención, nos preocupamos y ministramos a las necesidades especiales de cada uno.

Un lugar para recordar

Otra razón por la que se construían altares en la antigüedad era para recordar las grandes cosas que Dios había hecho. Noé edificó un altar después de que Dios salvara a su familia del diluvio (véase Génesis 8:20), y Josué construyó un altar después de obtener una gran victoria militar (véase Josué 8:30). Podemos honrar al Señor recordando y dándole gracias por lo que ha hecho. Una manera de hacer esto es escribiendo un «diario de acción de gracias», en el que cada miembro de la familia escribe cosas por las que está agradecido. Durante años mi marido, Hal, y yo hemos guardado un diario de oración para anotar peticiones de oración y respuestas de Dios. Cuando constatamos las maneras en que Dios ha intervenido y respondido a nuestras oraciones —incluso años después— ellas edifican nuestra fe y nos recuerdan su gran fidelidad.

MOMENTOS SAGRADOS

Un lugar de comunión con Dios

Las familias con las que hablo acerca de su altar de oración me aseguran que disfrutan y aprecian el tiempo que pasan unos con otros y con el Señor. Yo creo que ello se debe a que el orar y adorar juntos une a las familias como ninguna otra cosa puede. Esto es especialmente cierto cuando la presencia tangible del Señor está en medio nuestro. Nuestros corazones se vuelven más tiernos, se abren más al Señor, y somos más amorosos y genuinos unos con otros.

Cuando usted recibe la visita de amigos o miembros de su familia, puede sentir que lo mejor es reprogramar el tiempo de oración familiar. Pero ¿por qué no orar y pedir a Dios si usted debe invitarles a su tiempo de oración? El incluirles en su altar familiar puede convertirse en la parte más especial de su visita, ya que así experimentan la presencia de Dios y sienten el amor de su familia cuando se ora por ellos. Incluso puede ocurrir que ellos decidan tener su propia oración y adoración familiar en su casa, y de este modo, se encenderán más altares de oración en su ciudad y nación.

Un lugar para el fuego de Dios

El fuego en la Biblia es un símbolo de la presencia de Dios y del Espíritu Santo; es un símbolo de la purificación de Dios y de su poder. Cuando Moisés y Aarón dedicaron el tabernáculo, salió fuego de la presencia de Dios y consumió las ofrendas consumidas sobre el altar (véase Levítico 9:24). Ese fuego milagroso del

LA FAMILIA REBOSANTE DE ORACION

cielo fue un signo, no solo de la aceptación del sacrificio, sino también de que Dios había descendido personalmente a habitar en medio de su pueblo.

El mandato divino era que el fuego sobre el altar se preservara y que su poderosa presencia nunca se extinguiese (véase Levítico 6:12). El mandato sigue vigente para nosotros hoy día: hemos de mantener avivado el fuego de nuestro amor por el Señor, nuestra adoración y nuestra oración, y nunca permitir que se extinga en nuestro corazón ni en nuestra casa.

La invitación de Dios

Es hora de hacer retroceder las tinieblas de nuestra nación y de que nuestras casas vuelvan a brillar. Necesitamos desesperadamente un avivamiento en los Estados Unidos (o en el país donde usted viva) y un refrigerio en nuestros hogares, y el remedio divino es el altar de oración familiar. Venga y disfrute en la presencia del Señor, renuévese ahí y compruebe cómo Dios fortalece y sana a su familia.

«¡Levántate y resplandece, que tu luz ha llegado!
¡La gloria del Señor brilla sobre ti!»

Isaías 60:1, NVI

CAPÍTULO 4

Cambiando el clima espiritual

Cómo experimentar la atmósfera celestial

Ava y su marido Noah viajaban hacia Hawai por un tiempo muy necesario de descanso y refrigerio. El vuelo transcurría bien y se hallaban como a una hora de distancia cuando el piloto emitió un mensaje por el sistema de parlantes. Quería que todos —incluidos los auxiliares de vuelo— se sentaran y se ajustaran los cinturones de seguridad. Había recibido mensajes de advertencia de otros pilotos de extraordinarias turbulencias en la zona que sobrevolaban.

Ava sabía en lo más íntimo que los niños que iban a bordo se asustarían muchísimo en medio de tal experiencia. También sintió que aquellas turbulencias eran de naturaleza espiritual, como si actuara un plan diabólico para infundir temor y agitación en el que hasta entonces había sido un vuelo pacífico y agradable. Parecía que se trataba de algo más que de una simple turbulencia natural.

Ava y su marido se pusieron a orar silenciosamente, de común acuerdo, contra lo que ella sentía que no venía de Dios. Declaró que el Señor era Señor de *todas* las cosas, incluidos los modelos meteorológicos y las fuerzas espirituales que actuaban en ellos. Mientras ella continuaba orando fervientemente en su asiento, recordó la historia de los evangelios en la que Jesús reprendió a la tormenta en el mar de Galilea (véanse Mateo 8:26, Marcos 4:39; Lucas 8:24). Jesús hizo ese milagro movido por el impulso y el poder del Espíritu Santo. ¿No hemos recibido nosotros el mismo Espíritu Santo y la misma autoridad en Cristo?

Ava recordó también la historia de Mateo, en la que Jesús habló de tener fe suficiente para mover montañas al mar (véase Mateo 21:21). Ella sintió en su corazón que en vez de pedir al Señor que calmara las corrientes de aire y detuviera el ataque procedente del enemigo, Él quería que ella orase como Jesús había hecho. Con fe en su corazón y la autoridad que Cristo le había dado sobre el poder del enemigo, elevó una oración silenciosa reprendiendo el temor que venía contra los pasajeros y reprendiendo las turbulencias en el aire. Ava sintió que sobre ella se asentaba la paz y la seguridad de haber sido escuchada.

Justo antes de que el avión aterrizara, se volvió a oír la voz del piloto por el sistema de parlantes. Dijo que no sabía lo que había ocurrido con las turbulencias; que habían desaparecido de repente.

¡La atmósfera, tanto dentro como fuera del avión, cambió instantáneamente!

Más que el tiempo atmosférico

Cuando hablamos de atmósfera, no solo hablamos de tiempo atmosférico. En realidad, toda persona, hogar, negocio, ciudad y país tiene una atmósfera espiritual especial o clima

CAMBIANDO EL CLIMA ESPIRITUAL

predominante. Estoy segura de que usted la ha percibido. Uno entra en un almacén o en un hogar e inmediatamente siente algo difícil de explicar, ya sea paz y gozo, o tinieblas y pesadez. De todos los lugares a los que podemos ir cierto día, suele ser la atmósfera de un hogar la que más nos impresiona. Cuando todos se llevan bien, aman a Dios y unos a los otros, todo el mundo parece más prometedor. En los tiempos que corren, cuando el «ambiente» de una familia es afectuoso y lleno de fe, los miembros de tal familia probablemente se sentirán contentos y compenetrados. Por otra parte, si permitimos que las dificultades de la vida endurezcan nuestros corazones, el ambiente del hogar se puede volver hostil, distante o egoísta, y experimentaremos una respectiva atmósfera tóxica de infelicidad.

¿Qué atmósfera se respira en su casa? Piénselo por un momento. Imagínese ahora cómo sería dicha atmósfera si fuera mejor. ¿Cómo sería si pudiera experimentar una atmósfera sobrenatural, vivificada con la voz, la presencia y las promesas de Dios? ¿Cómo sería si pudiera respirar en su hogar la atmósfera que se respira en el cielo?

Podrá pensar, *usted no conoce a mi familia. ¡Esto no es posible!* Sin embargo, Jesús nos encargó orar de esta manera: «Venga tu reino. Hágase tu voluntad, como en el cielo, así también en la tierra» (Mateo 6:10). ¿Por qué iba Jesús a mandarnos orar por algo que no es posible conseguir? Dicho de manera sencilla, Jesús nos pidió orar que el cielo viniera a la tierra porque esa es su perfecta voluntad.

En mi libro *Niños saturados por la oración*, hablo de un tiempo en el que el cielo descendió y tocó nuestro hogar, quiero decir de manera literal. Cuando Nicole era una niñita, Hal solía ausentarse debido a viajes misioneros. Para ese tiempo, especialmente por la noche, Nicole se sentía intranquila. Echaba de menos a su papá y la sensación de seguridad que infundía a nuestra casa. En varias ocasiones, Nicole permaneció despierta toda la noche llorando y llena de temor. A la mañana siguiente estaba tan cansada que no podía llevarla a la guardería. Por eso, cuando Hal descubrió que tenía que hacer un viaje de dos semanas a las Filipinas, nos preocupamos del efecto que su ausencia tendría sobre Nicole.

En los primeros días, nuestro altar familiar estuvo ubicado cada noche junto a la cama de Nicole. Adoramos al Señor juntos, oramos por Nicole y luego ella oraba por sus amigas y por las cosas que tenía en su corazón. La noche antes de partir Hal de viaje, nos reunimos en la habitación de Nicole y nos arrodillamos junto a su cama. Hal habló de la protección de Dios y de la labor de los ángeles guardianes. Después oró por ella y leyó la Escritura: «Él dará orden a sus ángeles para que te protejan a dondequiera que vayas» (Salmos 91:11, PDT). Tomamos autoridad sobre el temor que estaba asustando a nuestra hija y pedimos que ella tuviera verdadera confianza en que su Padre celestial la estaba protegiendo.

La mañana siguiente, después que Hal partiera de viaje, Nicole se despertó y me dijo que algo espectacular había sucedido aquella noche. «Mamá, los ángeles vinieron anoche», exclamó. «Hicieron un círculo alrededor de mi cama y cantaron. Y fue el cántico más hermoso que jamás he oído».

«¿Qué aspecto tenían?», le pregunté.

«Algunos eran tan altos que sus cabezas tocaban el techo y otros eran tan pequeños como yo. Algunos llevaban sandalias de oro y otros cintos de oro. ¡Y eran blanquísimos, de lo más blanco que jamás he visto!»

Si yo no hubiera tenido una experiencia similar unos quince años después, podría haber sido tentada a descartar la experiencia de Nicole por parecerme mera imaginación infantil. Hubo un tiempo de mi vida en el que me sentí asustada y sola, pero una noche me desperté y vi un gran ángel sobre mi cabeza. Era tan alto que tocaba el techo y sus alas eran blanquísimas. Su luz era tan intensa que no podía mantener los ojos abiertos. La presencia del Señor impregnó mi ser y sentí una fuerte presencia de la paz y la protección de Dios.

Nicole nunca volvió a llorar por la ausencia de su papá ni volvió a mencionar que tenía temor debido a la ausencia de su padre. Cuando Hal y yo ejercimos nuestra autoridad espiritual en oración, expulsamos el temor de nuestro hogar y pedimos que la protección y la presencia de Dios morara con nosotros.

Sí, ciertamente, es posible que la atmósfera del cielo toque la tierra.

Los dos ámbitos

La Biblia enseña que el mundo en que vivimos tiene dos ámbitos: uno físico y otro espiritual, invisible. El hecho de que no podamos ver el ámbito espiritual no significa que sea menos real. Tiene poder para influir en nuestra vida —y en la atmósfera de nuestra casa— más de lo que nos podamos imaginar. Influye en la mente, la voluntad y las emociones de todos los que viven en ella. La atmósfera espiritual tiene poder para transformar nuestra vida —para confundir o inspirar, para afirmar o rechazar, para entristecer o alegrar, para limitar o capacitar.

¿Cómo puede usted saber qué atmósfera está operando en su casa? Eche un vistazo a la Escritura: «El reino de Dios no es. . ., sino justicia, paz y gozo en el Espíritu Santo» (Romanos 14:17). Es decir, cuando el Espíritu de Dios es bien recibido en su casa, podrá experimentar paz y gozo. ¡Es una promesa impresionante!

Por otra parte, la Biblia nos advierte que tenemos un enemigo espiritual que viene para «robar y destruir» (Juan 10:10). Cuando las fuerzas de oscuridad actúan en nuestra casa, nos roban la paz, la economía y la salud. Se empeñan en destruir el gozo y la unidad de nuestra familia.

La batalla entre las dos fuerzas

Lo mismo que hay iones cargados negativa y positivamente en las capas de la atmosfera, nuestras casas también pueden tener una atmósfera negativamente cargada, impulsada por fuerzas malignas, o una atmósfera cargada positivamente que tiene su fuente en Dios, su Palabra y su Espíritu Santo.

Una atmósfera cargada negativamente se caracteriza por:

▶ Derrota y falta de visión de futuro
▶ Confusión, caos y desorden
▶ Aceptación de la actividad demoníaca

CAMBIANDO EL CLIMA ESPIRITUAL

- Control y dominio
- Cansancio y desesperanza
- Un espíritu pesimismo y una actitud de carencia
- Distancia espiritual y emocional
- Sentimientos heridos y resentimiento
- Egoísmo y rebelión
- Orgullo y condescendencia
- Amargura, ira y sarcasmo
- Inseguridad, temor y ansiedad
- Falta de vida o de ímpetu espiritual
- Impureza y vulgaridad
- Enfermedad generalizada

Una atmósfera cargada positivamente se caracteriza por:

- Esperanza en el futuro
- Orden y paz
- Atmósfera de «cielos abiertos» (se percibe y se ve el poder sobrenatural de Dios)
- Libertad y liberación
- Fe y expectación: Dios puede hacer cualquier cosa; ningún problema es demasiado grande para Él
- Bendición económica
- Vinculación, amabilidad y apoyo
- Compasión, perdón y paciencia
- Respeto, honor y servicio
- Valor e importancia de las personas
- Unidad, armonía y ánimo
- Vida victoriosa

> ▸ Vivos con la voz, las promesas y la presencia de Dios
> ▸ Pureza y un espíritu que honra a Dios
> ▸ Salud y sanidad[1]

El primer paso para producir un cambio es reconocer las fuerzas contra las que luchamos. Por tanto, detengámonos y hagamos una evaluación. ¿Qué características arriba mencionadas definen su hogar? ¿Ha reconocido situaciones mayormente positivas o negativas? ¿Puede ver evidencias de dónde actúa el enemigo para destruir a su familia, áreas en las que necesita que Dios produzca un cambio? Si es así, pregunté al Señor cómo le gustaría a Él transformar la atmósfera espiritual que reina en su casa. ¿Ha reconocido las actitudes positivas que operan en los miembros de su familia, las características que son propiamente celestiales? Si es así, dé gracias a Dios por lo que Él está haciendo y pídale que derrame aún más de su presencia en su hogar.

Invite a la presencia de Dios

Si la temperatura determina en gran medida el clima de cierta región geográfica (como afirma la climatología), ¿qué es lo que determina el clima espiritual de un lugar? Si el Espíritu de Dios produce paz, gozo y justicia, y los espíritus satánicos acarrean muerte y destrucción, podríamos asegurar que el clima espiritual es determinado por el espíritu que domina la atmósfera —bien el Espíritu de Dios u otra cosa.

Cada día nos vemos envueltos en distintas batallas espirituales en relación con nuestra familia. No obstante, al final, tenemos que recordar que *la guerra gira en torno a la presencia de Dios*. ¿Quién va a gobernar en la atmósfera de su hogar? Esa es el área en que debe enfocar sus oraciones.

Usted podrá decir que Dios está en todas partes y es verdad. Sin embargo, Él no manifiesta su presencia por igual en todas partes. Dios manifiesta su presencia cuando la atmósfera está limpia. Llenar la atmósfera de quejas, críticas y discusión no es invitar a su presencia. Pero Dios habitará en una atmósfera de humildad, arrepentimiento, unidad y amor.

¿Cómo atraeremos la presencia transformadora del Espíritu de Dios a nuestro hogar para crear un clima de paz y de gozo?

Dele la bienvenida a Él

Pasamos mucho tiempo decorando nuestra casa, procurando sentirnos bien en las habitaciones e invitando a huéspedes y miembros de la familia. Lo mismo cabe pensar por lo que respecta a preparar nuestra casa para acoger al Espíritu de Dios.

Una de las primeras cosas que podemos hacer cuando nuestra familia se reúne para orar en casa es dar la bienvenida al Señor en el tiempo de oración. Podemos decir: «Señor, te damos la bienvenida. Eres recibido en este lugar».

Mi amigo George Otis hijo, quien ha hecho un importante trabajo para investigar qué hace falta para dar la bienvenida a la presencia de Dios en ciudades y regiones, ha referido esta jocosa ilustración: «Si usted invitara al osito Winnie the Pooh a su casa, ¿qué podría tener en la despensa? La respuesta obvia es, por supuesto, miel. Por tanto, ¿qué equivale a la miel delante de Dios?

Cuando usted eche un vistazo a su casa, pregúntese qué clase de cosas atraerán a Dios a su hogar, y qué cosas le alejarán. Miel para Dios es llenar nuestro corazón y nuestra casa con cosas que le honran. Si llenamos nuestra casa de música que le honra, palabras amables y veracidad, estaremos extendiendo la alfombra de bienvenida para que el Espíritu de Dios venga a morar con nosotros.

Adórele

Una cosa que sabemos acerca de la atmósfera del cielo es que está llena de adoración. Si queremos experimentar la misma presencia celestial en nuestra casa, tiene sentido llenarla de alabanza y adoración que honra a Dios. A Dios le encanta una atmósfera de alabanza y adoración genuina de su pueblo; de hecho, la Biblia afirma que Dios *habita* en las alabanzas de su pueblo (véase Salmos 22:3). La palabra *habita* significa aquí que está «entronizado», o que se siente lo bastante cómodo como para sentarse en un lugar donde la atmósfera está llena de celebración, alabanza y adoración.

A mi marido Hal le gusta usar la expresión *adoración vertical* para referirse a la adoración que atrae verdaderamente la presencia de Dios. La verdadera adoración se centra exclusivamente en Él. En vez de cantar canciones *acerca* de nosotros mismos, o *acerca* de Dios, nos dirigimos a Él directamente en adoración. Le adoramos, cantamos sus magníficos atributos, le alabamos por las grandes cosas que ha hecho.

Hay varias maneras de hacer esto. Si tiene dones musicales, le puede resultar fácil guiarse con una canción, pero para muchas personas este no es el caso. A Hal le encanta adorar a Dios con música, pero no es voz principal ni toca ningún instrumento. Busca buena música de alabanza grabada por otros y recopila listas increíbles en su computadora y dispositivos tecnológicos personales. Esta alabanza impregna toda la casa, el auto —e incluso los hogares de muchos amigos que comparten sus listas de reproducción en sus tiempos de adoración.

Camine con Él

Dios anhela revelarse a nosotros en el hogar, lugar donde vivimos gran parte de nuestra vida, donde podemos experimentar la realidad práctica, cotidiana, de su paz, su gozo, fortaleza, guía y ayuda de muchas maneras. Uno de los beneficios de pasar tiempo con el Señor es que le da oportunidad de hablarnos de nuestras actitudes y comportamientos, pues Dios desea que cambiemos y nos sometamos a Él. Podemos responder a las cosas que Él nos muestra, ser obedientes a su Palabra y portadores de su presencia durante todo el día. Al hacerlo, no solo cambiamos la atmósfera de nuestra casa, sino también contribuimos a cambiar la atmósfera espiritual dondequiera que vayamos.

La autoridad en la oración cambia la atmósfera

He oído decir que como cristianos no hemos de ser *termómetros*, sino *termostatos* espirituales. Por lo que se refiere a la autoridad espiritual sobre su hogar, ¿diría usted que tiende a ser un termostato o un termómetro?

Un termómetro *refleja* la temperatura del medio ambiente. Reacciona a todo lo que sucede alrededor. Si la temperatura es demasiado caliente o demasiado fría, se refleja en su lectura. Si una persona es un termómetro espiritual, él o ella, no cambia la atmósfera, simplemente la refleja. Cuando las tensiones se intensifican y las personas están al borde, éstas pierden el control, se tornan irritables, ásperas, exigentes, críticas o impacientes, e incluso pueden perder la paciencia y gritar o jurar. A Satanás le encanta esto. Siempre pone a dos o más personas de acuerdo para todo lo malo (véase Mateo 18:19).

Por otra parte, un termostato regula el medio ambiente. Establece la temperatura deseada de la habitación y funciona activamente para mantenerla dentro de un rango razonable. Si la temperatura sobrepasa la establecida, el termostato avisa al aire acondicionado para refrescar la estancia. Si la temperatura desciende por debajo de la establecida, el termostato avisa al calentador para que se encienda y caliente la sala. Un termostato espiritual es una persona que asume autoridad sobre la atmósfera y ocasiona el cambio necesario. Si la atmósfera está llena de negatividad, el termostato espiritual actúa, ora y declara fe, esperanza y amor. Los termostatos espirituales tienen autoridad para *cambiar* la temperatura espiritual.

Usted tiene autoridad

Dutch Sheets es un autor de éxito, conferenciante y ex pastor que comparte esta historia sobre la autoridad en la oración.

CAMBIANDO EL CLIMA ESPIRITUAL

Cuando el Señor empezó a hablarme de cambiar la atmósfera, comenzó tratando conmigo para cambiar la atmósfera de mi casa. Una mañana flotaba una rara tensión en nuestro hogar. Tenemos una gran relación familiar —todos nosotros—. No peleamos, mi esposa, Ceci, y yo no discutimos. Dialogamos acerca de las cosas. Procuramos honrarnos mutuamente de esa manera. Pero todos estábamos al límite, irritados y frustrados. Nadie tenía motivo para estarlo, de modo que todos tuvimos que mordernos la lengua y andarnos con cuidado. Finalmente, me dije a mi mismo: «Señor, no me gusta la atmósfera que hay aquí ahora mismo».

Tan claro como la vez que mejor he oído al Señor, Él me dijo: *Bueno, ¿por qué no la cambias?*

Yo me dije, *Bueno...*

Él me dijo: *tú estás a cargo de tu casa. Tienes la autoridad aquí. Comienza a decretar mi Palabra, decreta que la tensión tiene que salir, y la paz de Dios llenará la atmósfera de tu casa.*

Pensé, *Voy a intentarlo y ver qué sucede.* No reuní a la familia para orar porque no quería que supieran lo que estaba haciendo. Quería saber si esto iba a ser algo sobrenatural o un mayor esfuerzo humano. Por tan solo cinco minutos, anduve por la casa, y susurrando, empecé a orar y decretar. En pocos minutos —no horas, sino *minutos*— la atmósfera cambió. Todos cantaban, estaban felices y entablaban conversación. Fue como si se hubieran tomado su taza matutina de café —todo el mundo cambió de actitud—. Y me dije, *¡caramba!, ¡esto es muy bueno!*

Poco después, un domingo por la mañana, en nuestro culto de iglesia, no me sentí a gusto —percibí este tipo de opresión. Le dije al Señor: «No me gusta la atmósfera que hay aquí». El grupo de alabanza se esforzaba y la gente se hallaba como en un estado letárgico.

Él me dijo, *¿por qué no la cambias? Tú estás a cargo. Cámbiala.* Entonces le dije a mi compañera que debíamos ponernos de acuerdo en oración para cambiar la atmósfera de la sala. Hicimos lo que yo había hecho en mi casa y al cabo de unos minutos, el lugar cobró vida —como con fuego—. Y pensé, *¡caramba!, ¡esto es muy bueno!*

El uso de la autoridad que Dios nos ha dado

Mi marido y yo somos dos líderes fuertes y a veces no vemos las cosas cara a cara. Pero cuando oramos juntos deliberada y regularmente, las cosas marchan suavemente. Mantenemos un corazón recto y nos confesamos las cosas uno al otro. No obstante, no hace mucho, noté un cambio. No nos llevábamos bien. Si Hal pensaba que algo era negro, yo pensaba que era blanco. Si él creía que algo era blanco, yo pensaba que era negro. Estábamos perceptiblemente molestos con el otro y noté que se abría cierta distancia entre nosotros. Ninguno de los dos queríamos orar juntos, lo cual es indicio seguro de guerra espiritual.

Sentí que todo lo que pasaba era culpa de Hal, y él, que todo era culpa mía. Después de algunos días así, le dije: «Un momento, no voy a permitir que las circunstancias prevalezcan.

Se me ha concedido autoridad espiritual y la voy a ejercer. Yo puedo cambiar la atmósfera espiritual de mi hogar».

Así pues, me encerré en mi oficina. Pedí al Señor que me perdonara por haberme ofendido con mi marido. Perdoné a Hal por su contribución al problema. Me pareció evidente que este no era un problema natural sino espiritual. Un par de Escrituras me vinieron a la memoria:

> Nuestra lucha no es contra seres humanos, sino contra poderes, contra autoridades, contra potestades que dominan este mundo de tinieblas
>
> Efesios 6:12, NVI

> Las armas de nuestra milicia no son carnales, sino poderosas en Dios para la destrucción de fortalezas.
>
> 2 Corintios 10:4

Empecé a pedir que la atmósfera estuviera llena de paz, gozo y justicia. Recordando un versículo de Isaías, declaré que la devastación y la destrucción no podían operar en los límites de mi casa. Llamé a los muros de mi casa «salvación» y a sus puertas «alabanza» (véase Isaías 60:18). Luego tomé autoridad sobre los espíritus de desunión, criticismo y murmuración y les ordené que salieran de mi casa.

Invité al Espíritu Santo y la poderosa presencia de Dios que entraran a mi casa. Declaré que la atmósfera del cielo prevalecía en ella. Instantáneamente, repito, instantáneamente, las cosas cambiaron. Para el momento que salí de mi oficina no lo noté.

Después, Hal y yo nos reunimos para nuestro tiempo regular de oración, algo que nos habíamos estado perdiendo. Nos pedimos perdón mutuamente y cerramos la puerta al enemigo.

Sepa cuándo cambia el clima

Cuando encendemos un termostato, la habitación se calienta. Sabemos que la atmósfera de la habitación ha cambiado porque sentimos su efecto. Cuando la atmósfera de una casa (o de cualquier lugar) cambia porque allí mora la presencia de Dios, también se puede percibir su efecto.

Tengo un buen amigo cuya familia notó que la atmósfera espiritual de su casa había cambiado después de empezar un tiempo semanal conjunto de oración. Sorprendentemente, los cambios atmosféricos que notaron no se limitaban a su propia casa. Hallaron que Dios les usaba para cambiar el clima espiritual de otros lugares —si eran sensibles a Él y estaban dispuestos a orar en cualquier lugar y en cualquier momento.

Por ejemplo, con frecuencia se encontraban en medio de reuniones familiares engorrosas, porque una pariente regañaba a su marido delante de todos y estropeaba el buen ambiente que reinaba en la celebración. Mi amiga y su familia habían dedicado su casa al Señor y experimentaban su presencia y su libertad, por lo que era extraordinariamente perturbador para ellos ver que la paz y la unidad de toda la familia se trastornaba de esa manera.

Un día de Acción de Gracias, la madre de esta familia se hartó. Cuando comenzó la arenga, se fue al baño, se arrodilló y oró. Asombrosamente, el exabrupto se extinguió de inmediato. Ella salió del aseo y se incorporó a las actividades familiares. Veinte minutos después, estalló otra diatriba. Mi amiga volvió al aseo, se arrodilló y oró más fervientemente. Reprendió a las fuerzas de oscuridad que sintió que estaban influyendo en el arrebato y pidió al Espíritu Santo que trajera paz y cambiara la atmósfera de la casa. Cuando salió del baño esta vez supo, por la ausencia de conflicto, que la atmósfera había cambiado y la fiesta continuó sin más interrupciones.

No se rinda

Algunas familias levantan el altar familiar y lo abandonan pocas semanas o meses después. Cuando esto sucede, no consiguen el ímpetu o la victoria que necesitan para cambiar la atmósfera en el hogar y experimentar la presencia transformadora de Dios.

Tenga ánimo: Dios está de su parte. Él quiere hacer algo maravilloso en su casa y su familia. Debemos esperar que las cosas cambien a mejor, y no debemos rendirnos hasta conseguirlo.

CAPÍTULO 5

Incluyendo a Dios en la conversación

Hablar con Él y escucharle

Nuestro primero hogar fue una casita estilo rústico, de ladrillo rojo, decorada con madera marrón y tejas de madera. Solo tenía 100 metros cuadrados de superficie, pero estábamos ilusionados porque sería nuestra. La compra de la casa fue un milagro porque no teníamos dinero para dar un enganche ni solvencia crediticia para que nos concedieran una hipoteca, pero Dios proveyó.

Lo que más recuerdo de aquella casa no es su exterior acogedor, sino la oración que se hacía dentro —sentados en el salón, orando con nuestra hija por desafíos con sus amigas; en la mesa de la cocina, con Hal, por dinero para pagar las facturas; en la oficina, pidiendo a Dios dirección para nuestro ministerio; y junto a la cama de Nicole, por noches de paz y protección.

Hablar con Dios y escucharle era lo primero que hacíamos cuando nos despertábamos por la mañana y lo último que hacíamos cuando apagábamos las luces por la noche. La oración era nuestra primera respuesta a cada situación que se presentaba.

Cuando vendimos la casa, la joven pareja que la compró se decidió de inmediato por el lugar. Dijeron al agente inmobiliario: «Queremos comprar *esta* casa; ¡se siente tanta paz aquí!» Debido al tiempo que pasábamos allí con el Señor, su presencia tangible permanecía, y era evidente a los que aún no le conocían.

Jesús dijo: «Mi casa, casa de oración será llamada» (Mateo 21:13). Normalmente pensamos que este versículo se refiere a lo que comúnmente llamamos «casa de Dios», o la Iglesia. Jesús también se refería a nuestros hogares —y no olvidemos que las primeras iglesias *estuvieron* en casas. Jesús no quiere ser solo alguien de quien hablamos en la iglesia, sino el Dios con quien hablamos, al que escuchamos lo que nos dice en cualquier lugar y momento sobre cualquier cosa. Es decir, Él desea que nuestros hogares sean saturados por la oración.

Yo he enseñado bastante acerca de la oración a lo largo de los años, y la gente me suele preguntar cómo mejorar la vida de oración de su familia: «Cheryl, me gustaría orar con mis hijos y enseñarles a orar, pero ni siquiera sé cómo empezar. ¿Tengo que arrodillarme o juntar las manos? ¿Hay alguna norma o palabras especiales que tenga que decir? Siempre he querido orar como los personajes que aparecen en la Biblia que oraron con fe y obtuvieron grandes resultados. ¿Es eso algo común que gente como mi familia pueda hacer?»

Orar como conversar

Como madre y abuela, me gustaría aclarar que la cosa más importante que podemos enseñar a nuestros hijos acerca de la

INCLUYENDO A DIOS EN LA CONVERSACIÓN

oración es que no es sino hablar con Dios y escucharle. Es como sentarse a conversar francamente con tu mejor amiga o amigo. Los niños tienen que saber que pueden decir a Dios cualquier cosa porque Él les ama incondicionalmente, a pesar de todo. Pueden pedir a Dios lo que necesitan y Él siempre hará lo que es mejor para ellos. Pueden hablar a Dios de cualquier manera —no tienen que arrodillarse o juntar las manos, aunque pueden hacerlo si lo desean—. Pueden hablar con Él en cualquier parte —por la noche, en la cama, en el coche, la playa, el parque, el centro comercial, un evento deportivo, o incluso en una fiesta de pijamas. Y pueden hablar con Él en cualquier momento porque Él siempre está escuchando.

Estas son realmente las mismas cosas que los adultos necesitan saber sobre la oración. La oración es una relación —no una tarea legalista, sino ¡una delicia reconfortante!

Cuando leemos relatos bíblicos acerca de gente de gran fe, tendemos a pensar que fueron hombres y mujeres de gran espiritualidad. Pero la verdad es que usted y su familia no tienen que ser súper héroes en la fe para obtener grandes respuestas a la oración. Tomemos el ejemplo de Elías:

> «Elías era hombre sujeto a pasiones semejantes a las nuestras, y oró fervientemente para que no lloviese, y no llovió sobre la tierra por tres años y seis meses. Y otra vez oró, y el cielo dio lluvia, y la tierra produjo su fruto.»
>
> Santiago 5:17–18

Los discípulos de Jesús también tenían muchas preguntas acerca de la oración, y aunque muchos de ellos tenían antecedentes religiosos, obviamente creían que no sabían lo suficiente. Vieron algo en la oración de Jesús que sabían que ellos no tenían, de modo que le dijeron: «Señor, enséñanos a orar». Puede que usted conozca la respuesta que les dio Jesús. Les enseñó la oración que comúnmente llamamos «el Padre Nuestro»:

> «Padre nuestro que estás en los cielos, santificado sea tu nombre. Venga tu reino. Hágase tu voluntad, como en el cielo, así también en la tierra. El pan nuestro de cada día, dánoslo hoy. Y perdónanos nuestras deudas, como también nosotros perdonamos a nuestros deudores. Y no nos metas en tentación, mas líbranos del mal».
>
> Mateo 6:9–13

Pero Jesús no se quedó ahí. Sabía que sus discípulos necesitaban un modelo completamente nuevo con el cuál relacionarse con Dios.

Primeramente les contó el caso de un padre cuyos hijos le pidieron pan. Él planteó la cuestión a sus discípulos: «¿Daría un padre amoroso una piedra a sus hijos en vez de pan?» Por supuesto que no. La segunda historia que les refirió Jesús fue la de un hombre que llamó a su amigo a medianoche por causa de un visitante que se había presentado inesperadamente, a última hora, y necesitaba comida. Jesús les volvió a plantear la pregunta: «¿Rechazaría el vecino a su amigo cuando éste lo necesitaba?» (Véase Mateo 7). ¡Por supuesto que no!

Estos dos casos, que coronan la enseñanza de Jesús sobre la oración, y el ejemplo del Padrenuestro, ilustran la realidad de nuestra relación con Dios: Él es nuestro *Padre*, y es nuestro *Amigo*.

INCLUYENDO A DIOS EN LA CONVERSACIÓN

Este es un importante cambio de modelo. Cuando oramos con nuestra familia, y con nuestros hijos en particular, nuestro concepto de Dios afecta directamente a la manera en que oramos y, en consecuencia, a la idea que tienen nuestros hijos de Dios. Si, en nuestra forma de pensar, vemos a Dios como juez o como disciplinante estricto, o si pensamos que Él está lejos o se desinteresa, eso influirá en nuestra «conversación» con Dios.

El Padre Nuestro, incluido en Lucas 11 y en Mateo 6, es más que una oración rutinaria que se recita de memoria una y otra vez. Jesús dio a sus discípulos un marco para orar, para mostrarles la perspectiva esencial de lo que puede ser una conversación con Dios. De modo que si usted y su familia, como los discípulos, están buscando ayuda para conversar con Dios de una manera personal, el Padre Nuestro es un modelo adecuado y sencillo para empezar. Es un modelo que nuestra familia ha usado durante muchos años.

Cuando Nicole era una niña pequeña, me solía acostar con ella para la siesta para ayudarla a quedarse dormida. Me tomaba esta pausa cotidiana para orar y recordar a Nicole cuánto la amaba el Señor y su fidelidad en proveer para nuestra familia.

Nicole creció un poco y la invité a participar en nuestro tiempo de oración. Dado que para ese tiempo usaba el Padre Nuestro como modelo en mi hora personal de oración, aproveché cada frase de la oración como guía.

Cuando oraba «Padre nuestro que estás en el cielo», me detenía y comentaba cómo nos relacionamos con Él como «Abba» o Papá. Cuando orábamos la segunda frase, «santificado sea tu nombre», le explicaba que Dios tiene muchos nombres y que cada uno de ellos expresa algo especial sobre su ser. La oración del Padren Nuestro nos daba la oportunidad de comentar que Dios perdona nuestros pecados, nos fortalece para resistir la tentación y nos protege del maligno. La oración es básicamente el tremendo privilegio que tenemos de conversar personalmente con el Omnisciente y Omnipotente Creador y Gobernador del universo.

Oír la voz de Dios

Poco después de nuestra boda, Hal y yo sentimos que Dios nos llamaba a mudarnos a Arizona para emprender un ministerio vocacional. Por aquel entonces yo era maestra de escuela y Hal era responsable de producción de una compañía cinematográfica en Dallas. Llenos de fe, aceptamos un gran recorte de sueldo para incorporarnos a un ministerio establecido en Phoenix. No pasó mucho tiempo hasta que la realidad se hizo evidente. Después de llegar, caímos en cuenta de que el sueldo prometido a Hal se iba a reducir aún más. Se me pidió trabajar como voluntaria. Apenas teníamos dinero para pagar las facturas, y hubo veces en las que no nos quedaba dinero para comprar comida.

Desempacamos nuestras cosas más urgentes, pero no pude abrir el resto de las cajas. Me sentí como una misionera en tierra extraña. Habíamos dejado nuestra familia, amigos e iglesia en Dallas. Yo quería volver a casa.

Un día, después de haber estado en Phoenix unos dos meses, Hal recibió una llamada telefónica de nuestro anterior pastor en Dallas. Él quería saber si el trabajo en Phoenix estaba siendo

INCLUYENDO A DIOS EN LA CONVERSACIÓN

como habíamos previsto. Nos preguntó si estábamos dispuestos a regresar a Dallas y ofreció a Hal un empleo como responsable de producción de su programa de televisión nacional. «Vamos a ir a muchos sitios», le dijo, «y queremos que tú y Cheryl formen parte de esto».

El hecho de que la llamada llegara el día del cumpleaños de Hal pareció confirmar que era un regalo de Dios. Pero sentimos que de todos modos teníamos que orar para estar seguros. «¿Debíamos trasladarnos a Dallas?», preguntamos específicamente. Luego sentí al Señor decirme, *si vuelves a Dallas y aceptas esa oferta de trabajo, pasarás a peor, ¡saltarás del sartén al fuego!*

Esta es una analogía que se usa en el sur, donde yo me crié. Dios suele hablarme en mi «lengua nativa» para asegurarse que entiendo lo que me dice. Así pues, aunque esta no era la respuesta que esperábamos oír, sabíamos que Dios nos había hablado. Rechazamos el empleo y nos quedamos en Phoenix. Nos decidimos y volvimos a la tarea. No sabíamos, en aquel entonces, que estábamos sembrando en una obra de evangelización que pronto sería de magnitud internacional y que traería a miles de personas a Cristo. A los pocos años empezamos nuestro propio ministerio, el cual también comenzó a prosperar.

¿Qué pasó con el seductor empleo en Dallas? El pastor estuvo implicado en un escándalo, la iglesia fue clausurada y la última vez que estuvimos en la ciudad y visitamos la ubicación, aquella iglesia, una vez dinámica, había sido derribada y sustituida por una pista de patinaje sobre hielo. Aprendimos que escuchar en familia la voz de Dios nos puede educar para cumplir nuestro destino. A veces me pregunto qué tan diferente hubiera sido nuestra vida si no hubiésemos consultado con el Señor respecto a esa oferta de trabajo.

Dios desea hablar con cada uno de nosotros sobre cada aspecto de nuestra vida. Jesús dijo: «Mis ovejas oyen mi voz, y yo las conozco, y me siguen» (Juan 10:27). Estas son algunas formas en las que Él nos habla, como podemos ver en muchos textos del Nuevo Testamento:

La Escritura (véase Lucas 4:16–18)

Imágenes mentales (véase Juan 1:48)

Impresiones (véase Hechos 15:28)

Sueños (véase Mateo 2:13, 19)

Voz audible (véase Hechos 9:4)

Visiones (véase Hechos 10:10-13; 16:9–10)

¡La voz de Dios puede venir a nosotros o a nuestros hijos en maneras sorprendentes! Puede mostrarnos Su corazón por personas que nunca hemos conocido; podemos empezar a clamar por ellas; podemos obtener un retrato mental de la necesidad de otra persona; puede darnos una nueva canción o palabras para orar que nunca antes habíamos oído. Puede que «sepamos» de algo para lo que no hay ninguna otra explicación, excepto que el Señor nos lo reveló.

Cuando su familia se reúne, usted puede hacer estas preguntas para abrir el tema de cómo hablar con Dios y escucharle:

¿Ha preguntado alguna vez a Dios algo que necesita saber, y después ha oído su respuesta?

INCLUYENDO A DIOS EN LA CONVERSACIÓN

¿Ha experimentado alguna vez una ocasión en la que se sintió atraído a orar por otros, o a hablar con ellos, o a hacer algo amable por ellos?

¿Ha visto alguna vez en su imaginación la imagen de una necesidad que tiene alguien —algo que usted no sabía antes? ¿Se sorprendió usted cuando estas cosas sucedieron? ¿Oró usted? ¿Qué clase de cosas sucedieron?

Pocos días después que nuestra hija y su familia se trasladaran a su nuevo hogar, mi yerno, Marco, estaba montando los muebles en el cuarto del bebé y se le presentó un problema. Faltaban los tornillos necesarios para armar la cuna y como aún tenían montones de cajas por abrir, no tenía idea de dónde podrían estar.

«Luca», llamó a su hijo: «¿puedes venir a ayudarme? No puedo encontrar los tornillos para montar la cuna de tu hermano. Vamos a orar para pedir a Dios que nos muestre en qué habitación tenemos que buscar».

Luca frunció el ceño, esforzándose por escuchar a Dios. «Creo que deberíamos buscar en el garaje», dijo.

Así que fuimos al garaje. Desde la entrada, miramos el gran montón de cajas apiladas en el interior. Sería una enorme tarea rebuscar en cada una de ellas.

«Para tener montada la cuna esta noche lo mejor será preguntar al Señor en cuál caja debemos mirar», dijo Marco.

Así que se pararon y volvieron a escuchar.

«Miremos en esa», dijo Marco a Luca pocos minutos después.

Y cuando abrieron la caja, de seguro, allí estaban los tornillos con los que debían montar la cuna de Rocco.

Experiencias como ésta edifican la fe. Cuando las familias se reúnen y comparten historias de cómo Dios ha hablado y guiado, se estimulan unos a otros, y cuando buscamos *juntos* a Dios y escuchamos su voz para obtener dirección, consuelo, fuerza y ánimo, es asombroso lo que puede suceder.

Esto también es válido para necesidades familiares mucho más profundas. Por ejemplo, los niños pueden tener problemas arraigados. Cuando hábitos como la incontinencia urinaria nocturna (enuresis), el temor, la ansiedad, o la ira descontrolada no cambian, puede haber otras razones, pero a veces pueden deberse a algo que sucedió al niño que le causó daño emocional o espiritual.

En casos así, la solución puede venir pidiendo al Señor que nos muestre la causa subyacente, y después escuchar su respuesta de una manera más específica para orar o emprender la acción conveniente. Puede estar seguro de que el Señor quiere hablar con usted porque Él no desea que ningún hijo suyo crezca con un problema agudo que le va a privar de vida —espiritual, física o emocional.

Tal fue el caso de Derek y Trich Dodd. Un día, mientras Trich y yo paseábamos, ella me contó esta historia:

Una vez, nuestra hija menor, que para la época tenía unos siete años, tenía problemas de inseguridad. Se angustiaba cuando tenía que ir a la escuela porque tenía que dejarnos, y eso no concordaba con su personalidad. No importa cuánto habláramos con ella al respecto o intentáramos animarla, nada parecía servir de ayuda. De hecho, cuanto más hablábamos y orábamos *con ella*, más se angustiaba.

INCLUYENDO A DIOS EN LA CONVERSACIÓN

Un día leímos juntos la historia de la sanidad de la hija de Jairo, y el Espíritu Santo habló a mi marido: lo movió para que oráramos por nuestra pequeña mientras ella dormía. De modo que empezamos a ir a su dormitorio por la noche cuando dormía y junto a su cama orábamos por ella. Hicimos esto por unas tres semanas, y una noche, cuanto estábamos orando, me vino a la mente que sus temores tenían que ver con su nacimiento. Yo estuve muy enferma antes que ella naciera. Tuve un coágulo en el pulmón y fue para mí un tiempo muy difícil con el bebé en el vientre. Durante el embarazo estuve en el hospital once semanas. Y cuando ella nació ni siquiera la tuve en brazos los dos primeros días porque estaba demasiado enferma.

No pudo ser un tiempo fácil para mi bebé. Entonces pregunté al Señor que me mostrara cómo orar por el temor que sufrió ella antes y después de su nacimiento. Oramos según el Espíritu Santo nos fue guiando. Pedimos al Señor que impartiera paz donde había inquietud, y pedimos el amor de Dios a cambio del temor. El Señor nos reveló oraciones concretas para orar por ella. Después de tres noches de orar de este modo, hubo un momento en el que ella dejó escapar un suspiro muy profundo, y sonrió dormida. Y al día siguiente fue una niña distinta. Quedó libre de ese temor.

Escuchar la voz de Dios puede abarcar mucho más que las necesidades de la familia. Una familia que conozco estaba profundamente agobiada por las personas sin hogar de su comunidad. Querían compartir el amor de Cristo siempre que se encontraran con una persona sin techo, pero no estaban seguros de lo que podían hacer.

De modo que oraron y preguntaron al Señor que les mostrara cómo podían ayudar a esa clase de personas. Dios les respondió dándoles una idea que llegó a ser su ministerio. La familia prepara paquetes con artículos personales como cepillos y pasta de dientes, desodorante, jabón, champú, tarjetas telefónicas, pases de autobús y tarjetas de regalo para ir a restaurantes de comida rápida. Las cajas incluyen una lista de números de teléfono de albergues para los indigentes, centros de rehabilitación para drogadictos u otros servicios que puedan necesitar. Los paquetes de ayuda son donados a las personas sin hogar que viven en la comunidad. ¡Qué iniciativa tan admirable por haber escuchado a Dios!

Ore su propio «Padre Nuestro»

Oren el Padre Nuestro con su familia, deteniéndose para personalizarlo. O escriba su propia oración, basada en los elementos que componen el Padre Nuestro:

Padre nuestro que estás en los cielos —reconozca que Dios es su Padre celestial

Santificado sea tu nombre —alábele y adórele. Escoja uno de sus atributos y dele gracias por ser eso para usted.

Venga tu reino, hágase tu voluntad, como en el cielo, así también en la tierra —invite su poder y su presencia en su vida y su hogar.

El pan nuestro de cada día, dánoslo hoy —pida a Dios lo que necesita. Preséntele su día a Él, dígale que usted depende de Él, que lo necesita y que no puede vivir sin Él.

INCLUYENDO A DIOS EN LA CONVERSACIÓN

Perdónanos nuestras deudas, como también nosotros perdonamos a nuestros deudores —confiese sus pecados y pida perdón por las cosas que ha hecho y dicho, o las omisiones con que usted sabe que le ha ofendido. Perdone luego a cualquiera que le haya ofendido, herido o traicionado (Esto no significa que apruebe lo que está mal; simplemente delega la deuda en Dios, en vez de aferrarse a ella.)

No nos metas en tentación, mas líbranos del mal —pida la protección divina ante los planes y tentaciones del diablo, quien es real y siempre maquina contra el pueblo de Dios.

La oración, como cualquier otra conversación, consiste en hablar y escuchar. En determinado momento, conviene dejar de hablar para escuchar lo que la otra persona tiene que decirnos. Esto es especialmente verdadero en la oración: Dios tiene cosas que nos quiere decir a nosotros y a nuestras familias.

CAPÍTULO 6

Orando por las necesidades de la familia

La oración respondida fortalece la fe

Nuestro yerno, Marco, se crió en el seno de la familia Reginelli, amante de la diversión. Aunque no tenían mucho dinero, lo pasaban muy bien y tenían mucha fe en Dios. En el verano, solían hacer viajes por carretera y vivir aventuras emocionantes.

Un año, la familia Reginelli decidió ir de vacaciones y visitar a unos parientes a través de varios estados de la unión. Pete, Lona y sus cinco hijos se montaron en su vehículo —«el furgón de la gloria», como ellos le llamaban por las muchas aventuras gloriosas adonde la camioneta les había transportado, viajes misioneros a México incluidos—. Supongo que otra de las razones para llamar así a la camioneta fue que era una gloria y un testimonio para Dios el que el vehículo funcionara después de recorrer una distancia de casi 500.000 kilómetros.

El cielo nocturno estaba negro como el azabache, y la carretera muy oscura. Algunos niños iban dormidos mientras Pete manejaba. De repente, se produjo un choque y una sacudida

LA FAMILIA REBOSANTE DE ORACION

—la camioneta había colisionado contra un formidable objeto invisible y se detuvo de inmediato. Nadie había visto el enorme venado. Pete se bajó del vehículo para evaluar la situación. Tristemente, el venado no sobrevivió, y tuvo que ser abandonado en la cuneta.

La parte frontal del vehículo quedó seriamente aplastada y, entre otras cosas, se rompió el radiador y perdía mucha agua. Esto sucedió antes de los teléfonos celulares, de manera que, en medio de ninguna parte, la familia no tenía dónde acudir sino a Dios. Pete y uno de sus hijos habían leído el libro *El poder de la alabanza*, de Merlin Carothers, acerca del poder que se libera alabando a Dios en todo tiempo —aun en medio de circunstancias difíciles.

Así que Pete y su hijo resolvieron poner en práctica este principio. Pete condujo lentamente su furgoneta renqueante, mientras todos alababan y daban gracias a Dios por su fidelidad y porque era más grande que cualquier problema.

Llegaron a una granja donde sus dueños les dieron agua para el radiador y les informaron de una zona de campamento que había un poco más adelante. A la mañana siguiente, cuando se registraron en el camping, la pareja anfitriona les ofreció transporte hasta la iglesia. Pete se quedó para tratar de arreglar la camioneta.

Al desmontar las piezas dañadas y disponerlas ordenadamente en la hierba, se preguntó dónde podría encontrar un mecánico y, por supuesto, las piezas averiadas. Pronto se enteró de que un grupo de bomberos estaban teniendo una barbacoa en el camping y que el único mecánico en toda la zona estaría allí.

«Puedo encontrar un ventilador y el embrague del ventilador», dijo el mecánico a Pete evaluando la situación. «Pero el radiador tendrá que venir de otra ciudad y tardará por lo menos una semana en llegar».

Después, el pastor local, que había conocido a la familia en el servicio dominical matutino y se interesó por su caso y manejó hasta la zona de campamento para ver cómo podía ayudarles. Cuando Pete le explicó el problema, el pastor rodeó el vehículo para examinar el daño. Después de unos minutos levantó la vista. «Tengo una camioneta similar», dijo. «No sé por qué, pero cuando el motor se estropeó guardé el radiador. Está en mi porche trasero». Al día siguiente, el «furgón de la gloria» circulaba por la carretera con alguna abolladura, pero todos dábamos gracias y alabábamos a Dios.

Enfóquese en la grandeza de Dios

La familia Reginelli descubrió un principio profundo acerca de orar por las necesidades de la familia: Apartar los ojos de la grandeza del problema y dirigirlos a la grandeza de Dios.

Cuando Jesús enseñó a sus discípulos a orar, ¿recuerda cómo comenzó? «Padre nuestro. . . ». Empezó invocando a Dios, no el problema.

Me encanta lo que Mark Buchanan dice acerca de esto en su exitoso libro *The Rest of God* (El reposo de Dios):

LA FAMILIA REBOSANTE DE ORACION

¿Se encuentra en medio de una situación en la que, al orar, pone en primer lugar su problema? Si es así, está comenzando por el final. Está repitiendo el problema haciéndolo parecer más grande de lo que es, cuando lo que tiene que hacer es mencionar la grandeza y el poder de Dios. Entonces el problema se encogerá hasta alcanzar su justa medida. . . Hoy, cuando ore, comience con Dios. Analice lo que Él ha hecho. Proclame Quién es Él.[1]

Nuestra buena amiga Cindy Jacobs cuenta que en cierta ocasión su familia se hallaba en gran necesidad. El marido de Cindy, Mike, había sido despedido de su empleo en una aerolínea. Eran jóvenes, tenían un hijo que criar y acababan de comprar su primera casa. La perspectiva que se presentaba era desoladora.

Se embarcaron en la carretera para ir a visitar a la familia para la Navidad, pero estuvieron preocupados por su futuro durante todas las vacaciones. *¿Qué vamos a hacer cuando volvamos a casa? ¿Cómo vamos a pagar los recibos? ¿Tendremos que vender la casa?* Las preguntas afloraban en sus pensamientos.

De camino a casa, Cindy fue inspirada con un pensamiento: Mike y ella debían dejar de preocuparse y empezar a alabar —y lo hicieron durante todo el camino de regreso. Dieron gracias a Dios por su fiel provisión, su amor y su misericordia. Le dieron gracias por su salvación, y manejaron muchas millas de noche alabando al Señor.

Cuando llegaron a casa, nada había cambiado. Mike seguía sin trabajo y su cuenta bancaria estaba casi vacía. No obstante, se dieron cuenta de que ya no estaban obsesionados con su circunstancia difícil, sino que se habían concentrado en la grandeza de Dios y en sus bendiciones abundantes sobre sus vidas.

Al cabo de poco tiempo, Mike recibió una llamada telefónica de una aerolínea y, después de una entrevista, se le ofreció un puesto de trabajo. Cindy y Mike no se dieron cuenta durante ese tiempo de que sus alabanzas fueron realmente una forma de oración intercesora. Aunque Mike había estado buscando diligentemente un empleo, no había tenido éxito. No obstante, cuando empezaron a alabar juntos a Dios, Sus promesas se activaron: «Que alaben su nombre con danzas; que le canten salmos al son de la lira y el pandero. Porque el Señor se complace en su pueblo; a los humildes concede el honor de la victoria» (Salmos 149:3–4, NVI).

«Muchas personas dejan de alabar y dar gracias a Dios cuando afrontan adversidades, pero ese no es el tiempo para detenerse —es el tiempo para comenzar», dice Cindy.[2]

Pedid. . .y se os dará

Cuando Jesús enseñó a sus discípulos a iniciar sus oraciones enfocándose en la grandeza de Dios, vemos después, en el mismo modelo de oración, que también les dijo que *pidieran* al Padre lo que necesitaran.

¿Se ha preguntado usted alguna vez por qué Jesús instruyó a sus discípulos a orar: «El pan nuestro de cada día, dánoslo hoy?» (Mateo 6:11). Esta parece una petición un poco extraña a la luz del hecho que estamos hablando con el Dios todopoderoso que todo lo ve. ¿No sabe Él exactamente lo que necesitamos antes de que se lo pidamos? Y sin embargo la Biblia está llena de múltiples súplicas, exhortaciones e invitaciones para que le pidamos. «¿Qué queréis que os haga?», preguntó Jesús a los dos ciegos. «Señor», respondieron, «que sean abiertos nuestros ojos» (Mateo 20:32–33). Obviamente, Jesús ya conocía su situación.

«Pedid, y se os dará; buscad, y hallaréis; llamad, y se os abrirá», nos dice Jesús (Mateo 7:7). Estas son palabras activas que requieren participación de nuestra parte. Pero, ¿por qué es necesario que actuemos?

Aquí está la respuesta. Una ojeada a las Escrituras a través del Antiguo Testamento revela que aunque Dios es soberano, Él escogió desde la creación actuar en la tierra a través de los seres humanos. Él colabora con nosotros, no actúa independientemente. La Escritura revela que no hay manera en la que Dios intervenga en los asuntos terrenales excepto que alguien le pida hacerlo.

Dios viene cuando es invitado. «Clama a mí, y yo te responderé, y te enseñaré cosas grandes y ocultas que tú no conoces» (Jeremías 33:3). Si le invocamos Él nos responde.

Esta es una promesa magnífica que Carolyn y Johan Ros experimentaron de primera mano cuando su familia atravesó una grave crisis. Así es cómo lo relata Carolyn:

Seis semanas después de nacer nuestro hijo Jozua, le salieron marcas azules en las manos y las piernas. Cuando le llevé a hacer un chequeo posnatal, el médico lo trasladó urgentemente al laboratorio para un análisis de sangre, en el que dio solo un 12 por ciento de coagulación de sangre —una forma de hemorragia hemofílica en su paladar desde la lactancia—. Los médicos me informaron que nuestro bebé se estaba muriendo y que no podíamos llevárnoslo a casa. Johan vino conmigo al hospital. Oramos: «Señor, sabemos que eres bueno, aunque no sabemos cómo conciliar tu bondad con lo que ahora está sucediendo. Sabemos que nos has dado este hijo, y lo ponemos en tus manos». Luego pedimos al Señor que nos enseñara cómo orar.

A medianoche yo me desperté sintiendo la urgencia de pedir al Señor que salvara a nuestro hijo. Acompañados con la fe de que Dios quería hacer algo, hicimos una oración sencilla, pero eficaz, que tantas veces se hace en los Salmos: «Ayúdanos Señor».

La siguiente vez que amamanté al niño no noté nada en particular, excepto que las marcas azules se estaban tornando amarillentas. ¡Nuevas pruebas revelaron un 100 por ciento de coagulación en la sangre de Jozua! Todo el mundo, incluidos los médicos, estuvieron de acuerdo en que había sucedido algo que no podían explicar.

Confíe en que Dios le va a librar

A veces los problemas que afrontan las familias son tan grandes que parece que nada en la tierra o en el cielo los puede solucionar. Como el rey David, en el Antiguo Testamento, parece que estamos rodeados y superados en número por nuestros enemigos. Y sin embargo, al hacer frente a adversidades insuperables, David escribe: «Alma mía, en Dios solamente reposa, porque de

Él es mi esperanza. Él solamente es mi roca y mi salvación. Es mi refugio, no resbalaré» (Salmos 62:5-6).

Hace varios años, unos buenos amigos nuestros se vieron en una difícil situación que aparentemente no tenía solución. Grace y Alec, un matrimonio con cinco hijos, quienes, como muchas otras familias, quedaron atrapados en la crisis económica de 2008, se vieron fuertemente endeudados y pagando una hipoteca invertida (El precio de la hipoteca era superior al valor real del inmueble). La amenaza de ruina se cernía sobre ellos y no sabían qué hacer.

Una cosa que no sabían es que Dios es el Proveedor, Protector y Libertador principal. Se entregaron a la oración —que era una costumbre bien arraigada en su hogar —e incluyeron a sus cinco hijos, que, en aquel entonces, tenían entre 11 y 22 años.

Se derramaron lágrimas cuando Grace y Alec confesaron humildemente la situación a sus hijos. Cada miembro de la familia oró y suplicó al Señor liberación y ayuda por su situación económica. El tema pasó a ser constante en los tiempos de oración familiar, y en sus oraciones individuales —siempre acompañado de alabanza por lo que Dios estaba haciendo, aunque no pudieran verlo en ese momento.

Continuaron orando y buscando al Señor por tres años. De manera lenta, pero segura, las cosas comenzaron a cambiar en la liquidez económica de la familia. Empezaron a pensar y actuar de forma distinta con relación a su economía. La atmósfera ciertamente estaba cambiando, pero no absolutamente todavía. El problema de la hipoteca invertida —por valor de 120.000 dólares— seguía pendiendo pesadamente sobre sus cabezas, ya

ORANDO POR LAS NECESIDADES DE LA FAMILIA

que luchaban para pagar cada mes una casa que valía mucho menos de lo que ellos pagaban.

Grace y Alec (esta vez sin sus hijos presentes) decidieron orar con autoridad por lo que parecía un claro plan del enemigo para atraparles y mantenerles en esclavitud económica. Grace recibió, mientras oraba, una imagen mental de una «trampa de cazadores» y una imagen de un pájaro que estaba siendo liberado. Se aferraron a esa imagen y declararon la Escritura en voz alta: «Como las aves, hemos escapado de la trampa del cazador; ¡la trampa se rompió, y nosotros escapamos! Nuestra ayuda está en el nombre del SEÑOR, creador del cielo y de la tierra» (Salmos 124:7–8, NVI).

Una semana después llamaron repentinamente a la puerta. Grace fue a abrir pero no había nadie, únicamente un sobre de entrega especial que contenía una carta del banco que otorgaba una segunda hipoteca y declaraba simplemente que su hipoteca de 120.000 dólares había sido perdonada, sin ninguna explicación.

Grace se aturdió. Jamás había oído tal cosa, ni se había imaginado que les pudiera suceder a ellos. Al no poder comunicarse con Alec, por hallarse en una reunión de trabajo, contactó a unos amigos que tal vez supieran algo al respecto. Nadie sabía nada del caso y a todos les preocupaba que fuera un engaño. Al día siguiente Grace y Alec contactaron al banco directamente y descubrieron que no se trataba de una estafa. Debido a un plan nacional contra varios bancos importantes en EE.UU. por causa de prácticas crediticias inapropiadas, el préstamo de Grace y Alec había sido identificado como uno de los que debían ser cancelados —por un total de 120.000 dólares.

Desde ese momento, Grace y Alec no solo se han recuperado económicamente, sino que se hallan en una posición en la que pueden bendecir a otros, ofrendar libremente a la obra del reino de Dios, vivir sin temor ni preocupación y compartir un testimonio de la liberación y provisión de Dios. Hablan regularmente de cómo el poder del altar familiar de oración —buscar, alabar, confiar y orar juntos— cambió la atmósfera en su hogar hasta tal punto de producirse una notable y poderosa liberación.

«Nos sentimos realmente como pájaros liberados de una trampa», dijo Grace.

Apóyese en las promesas de Dios

La Biblia está llena de promesas divinas que aseguran que Él nos ayudará en nuestros tiempos de necesidad: «A las montañas levanto mis ojos; ¿de dónde ha de venir mi ayuda? Mi ayuda proviene del Señor, creador del cielo y de la tierra» (Salmos 121:1–2, NVI).

Puede que ignoremos las palabras justas que debemos decir, o incluso cómo queremos exactamente que sean cubiertas las necesidades de nuestra familia. En esas ocasiones, podemos abrir la Biblia y orar la Palabra de Dios. Esto nos proporciona el vocabulario que necesitamos para recordar al Señor sus propias y poderosas promesas. La Palabra de Dios no vuelve a Él vacía (véase Isaías 55:11)

Hubo muchas veces en la vida de nuestra familia en que tuvimos que hacer frente a situaciones económicas difíciles. Recuerdo una vez especialmente angustiante, en la que yo no sabía cómo íbamos a salir adelante un solo día, y mucho menos el resto del mes. Los recibos se habían vencido, la despensa y el depósito de gas estaban vacíos y no había apariencia de recibir ayuda.

Al mismo tiempo, además de nuestra hija, otra joven llamada Nina estaba viviendo con nosotros. Nina era una misionera que, como nosotros, levantaba apoyo para poder mantenerse en el ministerio a tiempo completo.

Habíamos estado comentando cuánto necesitábamos que el Señor nos proveyera y orando juntos por los ingresos necesarios. Parecía que todo iba a seguir igual. Era difícil no descorazonarse, aunque sabíamos que nuestra fe y nuestra esperanza no estaban en las personas. Aun nuestros socios más fieles solo eran agentes de la provisión de Dios. Él era nuestra verdadera fuente.

Un día, mientras oraba y meditaba en la Escritura, mis ojos se fijaron en este versículo de Filipenses: «Mi Dios, pues, suplirá todo lo que os falta conforme a sus riquezas en gloria en Cristo Jesús» (Filipenses 4:19).

De pronto fue como si las palabras iluminaran la página y cobraran vida en mi espíritu. En un momento de inspiración, colgué el versículo en varios lugares: en el espejo del baño de las niñas, en los dormitorios, encima del fregadero y así sucesivamente. Hal y yo oramos por el asunto y después hablamos con las niñas.

«Esta es la Palabra de Dios para nosotros», declaré. «Siento que el Señor desea que meditemos en esta Palabra y alimentemos nuestro espíritu mientras oramos y la declaramos. Creo que entonces veremos un cambio en nuestra situación». Nos pusimos de acuerdo en oración y nos plantamos en la promesa de Dios.

Al principio, no hubo una respuesta inmediata. Pero vimos diariamente pequeños milagros —suficientes para comprar alimentos y llenar el depósito de combustible—. Vimos literalmente cómo nuestras necesidades eran cubiertas un día tras otro.

Para ese tiempo Nicole conoció y se enamoró de Marco, quien más tarde se convertiría en su esposo. No obstante, por aquel entonces no nos podíamos ni imaginar la idea de sufragar una boda, estaba lejos de lo que podíamos pensar o imaginar. De hecho, este es el aspecto que ofrecía nuestro diario de oración familiar:

> *Las facturas se amontonan, las tarjetas de crédito están al límite*
> *La lavadora se ha averiado*
> *La casa necesita ser pintada y reparada*
> *Después de 12 años, el patio trasero sigue sin arreglar*
> *Nicole está ahora en la universidad y necesita pagar la matrícula cada semestre.*
> *Nuestros autos acumulan más de 300.000 kilómetros cada uno*
> *... y por si fuera poco nuestra hija se casa*

Ore y obedezca

A veces, cuando Dios cubre nuestras necesidades, envía a alguien para ayudarnos. Pero otras veces Él nos da una idea o nueva dirección. Él puede decir: «Mi provisión no está ahí, está aquí».

Al igual que Jesús mandó a los discípulos a echar las redes al otro lado, cuando no pudieron pescar nada (véase Juan 21), Dios empezó a hablarnos de una idea que Hal nunca había considerado, algo totalmente repentino y que escapaba por completo a nuestro paradigma: Hal debía de obtener licencia como agente inmobiliario.

Así pues, Hal pasó aquella vacación navideña haciendo un curso intensivo de corredor de bienes raíces e inmediatamente después fue contratado por uno de sus amigos para administrar su cartera comercial de terrenos. Fue un gran desafío, pero el Señor dio a Hal fuerzas para desempeñar esa labor parcial mientras seguía dirigiendo nuestro ministerio a tiempo completo.

A medida que los planes de Nicole y Marco se fueron concretando, sucedió algo asombroso. Surgió una oportunidad para Hal de negociar una venta inmobiliaria entre su amigo y otra parte. La comisión de esa venta fue suficiente para pagar la bonita boda de nuestra hija y cuidar de las demás necesidades pendientes mencionadas en nuestro diario de oración.

Recordando mi propia historia, como también las de otras familias, puedo ver algunos principios clave que siguen siendo lecciones permanentes cuando oramos por necesidades de la familia:

1. Céntrese en la grandeza de Dios, no en el problema. No hay necesidad demasiado grande para Dios. Dele gracias por su fidelidad en el pasado. Alábele porque es todopoderoso y más que capaz de cubrir su necesidad.

2. Basándose en su Palabra, pídale con fe, específicamente, por lo que necesita, creyendo que le va a responder.

3. Confíe que Dios le va a librar, sabiendo que Él puede abrir un camino aunque parezca imposible.

4. Manténgase firme creyendo las promesas de la provisión de Dios. Observe cómo aumenta su fe cuando ora apoyado en la Palabra de Dios.

5. Ore y obedezca. Escuche lo que el Señor le dice, ya sea a través de su Palabra, o de una impresión en su espíritu, o a través de otra persona. (Con demasiada frecuencia fallamos en no detenernos a ver lo que Dios puede querer decirnos. Él puede hacer un milagro como el banco que nos perdonó la deuda hipotecaria. O puede darnos una idea creativa como la de Hal cuando obtuvo su licencia de agente inmobiliario.)

6. Como familia, recuerden siempre volver a dar gracias a Dios por ser su Proveedor. Mantenga una actitud de agradecimiento, recordando—aunque ya no esté pasando dificultades— que Dios nos provee diariamente. Mantenga un corazón agradecido en todo tiempo.

CAPÍTULO 7

Relaciones familiares duraderas

El pegamento que mantiene todo unido

Mark y su esposa Nancy son destacados empresarios en Silicon Valley. Mark también es artista. Nancy es autora de éxito, oradora solicitada y viaja por todo el mundo. Vivir en el carril rápido de adelantamiento puede resultar estimulante, pero también puede ser peligroso. Es fácil permitir que las apremiantes necesidades de la profesión y los compromisos se interpongan en nuestra relación con el Señor y la familia.

Mark y Nancy se casaron jóvenes, e incluso antes de su boda practicaron el hábito de mantenerse conectados con el Señor y entre sí orando y adorando juntos. A medida que fueron estando más ocupados y la vida se fue acelerando con un negocio próspero, no permitieron que eso les detuviese. Cuando llegaron los hijos, ellos también pasaron a formar parte del altar de oración familiar.

Debido a la oración y la adoración familiar, su hijo, Anthony se convirtió en compositor y pianista clásico en el instituto; su hija Rachel, era vocalista. Así que, durante la oración y adoración familiar, todos aportaban con instrumentos y canciones. En esas ocasiones, todos los miembros de la familia estaban comprometidos unos con los otros y con el Señor, y la presencia del Señor era tangible.

Los hijos de Mark y Nancy ya son mayores, pero la familia sigue reuniéndose para adorar. Con la norma que observan Mark y Nancy de tener casa y corazón abiertos, suelen invitar a su familia extendida y amigos íntimos a participar en su círculo de oración. «Es la manera de mantenernos conectados con quienes más nos importan», dice Nancy.

Se ha dicho que la familia que ora unida permanece unida, pero ¿sabe usted hasta dónde alcanza esta verdad? Un estudio dirigido por la Universidad de Virginia ha descubierto que la oración conduce a la intimidad y ayuda a las parejas a acercarse y a poner fin a los desacuerdos.[1]

La oración fortalece la unidad y la intimidad no solo con las personas por quienes oramos, sino también con las personas con quienes oramos. Mi marido y yo somos una prueba viviente de que la oración conjunta mejora la relación y la vida familiar de un matrimonio. Los miembros de la familia nunca se pueden cambiar unos a otros (créame, nosotros lo hemos intentado), pero Dios sí puede cambiarlos si se le invita a hacerlo. No importa cuáles luchas usted esté librando, ninguna es demasiado grande para que Dios no pueda resolverla, si ustedes se humillan uno delante del otro y del Señor y piden su ayuda. De hecho, cuando los matrimonios experimentan la presencia tangible de Dios que desciende cuando se ora juntamente, no solo pueden cambiar el matrimonio, sino el clima espiritual de todo el hogar.

RELACIONES FAMILIARES DURADERAS

Los primeros años de nuestro matrimonio estuvieron llenos de desacuerdos. Esto era especialmente inquietante porque yo no quería que nuestra hija nos oyera decir palabras desagradables u ofensivas entre nosotros. Un día, estando fuera Nicole, me senté en su cama y me puse a llorar. «Señor, yo no quiero que mi hija se sienta insegura por causa de los conflictos en casa», me lamenté.

Entonces el Señor me dijo algo que cambió mi perspectiva: *Ninguna familia es perfecta*, me hizo comprender. *Lo que importa es enseñar a Nicole a manejar los problemas que surgen en la vida de una manera divina.*

Vimos que la manera de hacerlo era la oración. Hal y yo descubrimos un modelo para pedir perdón y desarrollar una oración por sanidad. Hal me pedía perdón y ponía su mano en mi corazón y oraba algo así como: «Señor, por favor, perdóname por el dolor que he causado a Cheryl. Te pido que sanes su corazón y restaures nuestro amor e intimidad». Después yo oraba de corazón por Hal.

Como este modelo dejó huella en nuestras vidas, empezamos a incluir a Nicole en las oraciones de sanidad. En vez de ignorar los problemas, hablábamos con Nicole de ellos. Confesamos que sabíamos que nuestros desacuerdos la asustaban. Le dijimos que nos habíamos pedido perdón mutuamente y pedimos también su perdón. Uno de nosotros le imponía la mano en su corazón y pedía que fluyera la sanidad de Dios. Siempre acabábamos pidiéndole que volviera una vez más a unir a nuestra familia.[2]

Hay muchos beneficios para las familias que oran juntas, pero uno de los más importantes es que une a las familias como ninguna otra cosa puede hacerlo. Aquí hay algunos de los muchos beneficios que reporta la oración familiar.

Fortalece los lazos familiares

La relación es el verdadero pegamento que une a las familias —la relación con Dios y unos con los otros—. Hay un componente vertical y otro horizontal en la unión, y ambos deben estar bien colocados para que el poder de Dios fluya hacia nosotros y a través de nosotros.

La oración familiar conjunta es importante porque ofrece un tiempo deliberado de conexión. Pero es más que conexión uno con el otro, porque por medio de la oración, invitamos a Dios a que entre en las situaciones que nuestra familia más necesita de Él. Nos da la oportunidad de averiguar lo que está sucediendo en la vida de cada uno, las necesidades y los sueños del otro, impulsa la comunicación y nos da la oportunidad de mostrar que nos preocupamos los unos por los otros.

¡Esto marca una diferencia! Un estudio de Family Life (Vida de la Familia) examinó las familias que oraban. Entre los entrevistados, los matrimonios que oraban y leían la Biblia juntos, de cualquier forma regular, reducían «las señales de riesgo matrimonial» a la mitad. La encuesta sobre necesidades de la familia de Family Life es actualmente un instrumento que pueden usar las iglesias para ayudar a las familias a examinar si sus relaciones son sanas, moderadas, con alguna preocupación, o de alto riesgo. Utilizan la analogía de los semáforos de tráfico: «verde, amarillo y rojo», para calificar el estado de un

RELACIONES FAMILIARES DURADERAS

matrimonio. Un total del 69 por ciento de los que oraban juntos, aunque solo fuera unas cuantas veces al mes, se encontraban en la categoría «verde» de familias sanas.[3]

Resuelve conflictos

Todas las familias tienen problemas porque están formadas por personas imperfectas. También influyen los desafíos que surgen al compaginar los sueños, deseos, necesidades, actitudes, suposiciones y hábitos de cada persona que habita bajo el mismo techo. El esfuerzo invertido en lograrlo causa discordia. Cuando usted ora con su familia y pide al Señor que quite los obstáculos que tratan de dividirlos, verá cómo cambian situaciones imposibles. «Mejores son dos que uno;…y cordón de tres dobleces no se rompe pronto» (Eclesiastés 4:9, 12).

Jack y Deb Welch fueron testigos de esto poco después de casarse, al afrontar el reto casi colosal de fundir dos familias en una —con seis niños—. Deb nos cuenta lo que sucedió:

No importa cuán ungido esté su matrimonio —y Dios ordenó que lo estuviera—, nunca es fácil fundir familias.

Nosotros unimos dos familias que vivían a casi 3.200 kilómetros de distancia en un lapso de pocos meses. Éramos verdaderamente la «tribu de los Brady» con tres hijos cada uno, de los cuales todavía cuatro vivían en casa. Teníamos un chico de quince años y tres de trece (dos chicas y un chico). Como cualquiera que tenga experiencia en educar a niñas de trece años comprenderá, son un caso aparte. Una se despierta una mañana preguntándose qué le ha sucedido a su niña pequeña. De modo que solo puede imaginarse la dinámica de tener dos en la misma casa, de distintos padres. ¡Fue una auténtica batalla!

Nos aferramos a una palabra profética que recibimos, que aunque las cosas resultaran difíciles al principio, Dios iba a actuar en sus corazones y entrelazarlos. «Difícil» es solo un eufemismo. Jack y yo pasamos horas orando fervientemente. Nos plantamos en la promesa de que no íbamos a permitir que el enemigo sembrara división en nuestro matrimonio y familia. Pedimos a Dios que trajera unidad y reconciliación.

Dios respondió con un importante mover del Espíritu en nuestra iglesia, con los jóvenes, el verano siguiente. Las dos niñas, que habían pasado los nueve meses previos discutiendo, robándose cosas la una a la otra y mintiendo para ponerse mutuamente en aprietos se vinieron abajo en el altar. Nos maravillamos de lo que el Señor estaba haciendo delante de nuestros propios ojos. Ellas se arrepintieron por la manera tan fea y aborrecible en que se habían tratado una a otra. Lloraron y se abrazaron ante el altar por dos horas. El Señor hizo tal sanidad sobrenatural en sus corazones que siguen siendo las mejores amigas casi tres años después.

Cambia corazones

Debido a la proximidad que hay entre los miembros de una familia, normalmente vemos mejor que nadie cuando el corazón de uno de ellos necesita cambiar. Esto es particularmente cierto de los padres que observan día tras día la conducta de sus hijos.

Nate Dorn relata:

Mi esposa y yo conocemos el pulso espiritual de nuestros hijos. Sabemos quién responde a qué. Ella les enseña por el día, y por la tarde-noche, cuando trabaja, yo les guío en oración y adoración familiar.

En más de una ocasión, mi esposa y yo pensamos el mismo pensamiento acerca del mismo niño. Nos sentamos en la cama por la noche y oramos por ese niño porque vemos cómo trata a su hermano o hermana. Cuando lo hacemos, sin excepción, vemos que el corazón del niño se suaviza. Varias veces hemos visto cambios inmediatos en el plazo de una semana —un corazón tierno, una disposición a confesar que lo siente—. Hemos visto reconocimiento de su necesidad de que el Señor les cambie el corazón, les dé amabilidad o disposición a ayudar en la casa o el deseo de obedecer en vez de hacerlo a regañadientes.

Inicia la comunicación

La comunicación es un aspecto esencial en las relaciones, y la oración es comunicarse con nuestro Padre celestial. Es cultivar intimidad con Él y, al mismo tiempo, con nuestra familia. A medida que nuestro corazón se hace vulnerable en oración, somos capaces de orar más profundamente, de tener relaciones más auténticas. Esos tiempos de intercambio ayudan a las personas a sentirse valiosas y oídas. De manera que en vez de lanzarse a hablar con Dios de inmediato, algunas familias comienzan conversando unos con otros, haciéndose preguntas para dar comienzo a la comunicación:

¿Cuál es su reto más grande y en qué área necesita más la
ayuda de Dios?

¿Por qué cosa está más agradecido?

¿Hay alguna cosa por la que se siente ofendido o
decepcionado?

¿En qué anhelos y sueños quiere que Dios le ayude?

¿Qué le gustaría que Dios hiciera por usted esta semana?

Estimula la reconciliación

Nate, el padre antes mencionado, dice que una de las cosas que
hace el tiempo de oración familiar por ellos es limpiar el aire
de todo resentimiento que puedan esconder contra el otro, y
que proporciona una plataforma para la reconciliación por las
maneras en que pueden haberse ofendido.

Él dice:

Uno aprende en seguida que como padre no puede dirigir
la oración con su familia cuando las cosas no están bien entre
usted y sus hijos, o entre usted y su esposa. No puede hacerlo
cuando ha sido demasiado áspero con uno de sus hijos, cuando
ha sido brusco con su esposa en la mesa, o la ha menospreciado
delante de los niños. Mi esposa no puede acudir a la oración y
sentarse delante de mí con ira pendiente. Sus hijos lo percibirán,
de modo que requiere humildad. Más de una vez mi esposa y yo
hemos tenido que disculparnos mutuamente, o ante los niños,
antes de iniciar nuestro tiempo de oración familiar.

Los niños han aprendido también a hacer esto. Nos reconci-
liamos antes de orar juntos. La oración familiar nocturna nos

da un tiempo, lugar y forma para reconocer y pedir perdón por las maneras en que nos hemos ofendido unos a otros. Esto aclara la atmósfera de tensión, deshace la amargura, sana los corazones y restaura la atmósfera de amor y unidad.

Restaura relaciones rotas

Como experimentó la familia de nuestro amigo Brian, el ayuno y la oración unidos en un tiempo de crisis familiar puede producir un resultado milagroso. Una noche, conversando Brian con Hal y conmigo, él nos relató su historia inolvidable.

Muchos años atrás, su hermana Sandi había pasado un verano trabajando en un rancho vacacional cerca del parque nacional de los Glaciares, en Montana. Allí conoció a John, un joven de la zona que trabajó ese verano en el rancho como guía y cocinero. Sandi y John se enamoraron.

Se casaron y pocos años después tuvieron dos hijos y una hija. John obtuvo su licencia de contratista y fue fiel proveedor para su familia. No obstante, cuando la economía se desaceleró, John lo pasó mal buscando trabajo y se desanimó. Anhelaba volver a un estilo de vida más sencillo en Montana, donde la gente parecía dar más valor a las relaciones que a las cosas materiales de la vida.

John tomó la decisión de regresar a Montana y dijo a Sandi que vendría a buscarla tan pronto como se estableciera en una casa y consiguiera un buen trabajo. Después de pocas semanas, dijo a Sandi que enviara los muebles a Kalispell y que pronto la enviaría dinero para viajar con los niños. Sandi envió sus muebles y se llevó sus hijos a casa de su madre para esperar la llamada de John.

John no llamó esa semana ni la siguiente. Ella se preocupó cuando vio que el número de teléfono de su marido estaba desconectado. Se dio cuenta que ella y sus hijos habían sido abandonados por su marido.

Varios amigos y parientes de Sandi la animaron a solicitar el divorcio. Ella se resistió, aunque luchó contra la amargura a medida que pasaban los meses. Aún amaba a su marido y sabía que sus hijos necesitaban a su padre.

Su familia extendida resolvió convocar una reunión de ayuno y oración. Ocho hermanos, con sus esposas y sus padres, se juntaron para orar por Sandi y por John. Cuando se reunieron en el salón de su madre, evitaron pronunciar palabras desagradables acerca de la situación. Todos habían ayunado desde el día anterior y todos oraron y leyeron las Escrituras esa noche, culminando con una cena especial.

Un par de meses después, recibieron la llamada por la que habían orado y estado esperando: John había regresado de Montana arrepentido y humillado. Había estado ausente dos años, y sus hijos se alegraron mucho de tener a su papá en casa. Fue todo un desafío para Sandi, pero ella acabó perdonando del todo a John.

En la providencia de Dios, John llegó a la ciudad justo al comienzo de la temporada futbolística. Descubrió que no todos los chicos del vecindario podían jugar en equipos de fútbol por falta de entrenadores. Él se ofreció a entrenar un equipo y recibió a un grupo de chicos que los otros entrenadores no quisieron escoger. Uno de sus hijos jugó en el equipo de chicos sobrantes que entrenó su papá. Este equipo acabó ganando el campeonato de liga.

¡Qué placer fue eso para esta familia amante del deporte! Sintieron que era la manera que el Señor tenía de recibir de nuevo a John en la comunidad y en la familia. Desde entonces, John y Sandi llevan casados 35 años.

Es difícil saber por qué ocurren milagros en algunas situaciones y en otras no. Pero esta familia sabe que en un tiempo crucial de su vida, Dios honró pronto una familia unida de una manera nada menos que milagrosa.

Oraciones de la Escritura para relaciones duraderas

Usted puede estar buscando formas de orar que fomenten los vínculos entre los miembros de su familia y le ayuden a articular oraciones sinceras. Animar a todos a buscar oraciones en las Escrituras que puedan hacer unos por otros es poderoso y eficaz.

Aquí están algunos ejemplos de oraciones para comenzar:

Padre Dios, te pido que ayudes a todos los miembros de nuestra familia a ser completamente humildes y gentiles en nuestras interacciones los unos con los otros, y a ser pacientes, soportando las faltas de los otros en amor, aunque nos sintamos cansados, frustrados, enfadados o heridos. Ayúdanos, Padre, a esforzarnos para permanecer unidos en el Espíritu. Únenos en paz (véase Efesios 4:2–3).

Señor, en tiempos de conflicto, malentendidos, impaciencia o problemas en nuestra familia, ayúdanos a amar, perdonar y mostrarnos

LA FAMILIA REBOSANTE DE ORACION

amabilidad y compasión unos a otros, tal como Cristo nos perdonó a nosotros (véase Efesios 4:32).

Fortalece los lazos de nuestra familia para que nada pueda separarnos del amor de Dios y de nuestro amor unos por otros (véase Romanos 8:38).

Señor, así como los discípulos te pidieron que les enseñaras a orar, te pedimos que enseñes a nuestra familia a orar de forma conjunta. Ayúdanos a orar con perseverancia en todo tiempo, aunque sea tarde, o estemos viajando, o en medio de días muy ocupados, aunque solo sea por noventa segundos, ayúdanos a orar todos los días. . . juntos (véanse Lucas 11:1-4; 1 Tesalonicenses 5:17).

CAPÍTULO 8

Luchando contra las fuerzas de las tinieblas

Sabiendo hacer frente al enemigo

Rick y Susan estaban siendo sometidos a una presión emocional que rozaba el límite de su capacidad. El conflicto reinaba en la familia, no solo en su hogar, sino también en las relaciones de la familia más extendida. Se cruzaban acusaciones y calumnias, y familiares airados iban sembrando discordia entre Rick y Susan, así como entre ellos y sus hijos.

Desconfianza, agotamiento y fatiga de batalla. Así describen Rick y Susan esa época de su vida. «Había mucho malestar, mucha agitación», dice Rick de las pruebas que les llegaban implacablemente de todos los lados. Al mismo tiempo, su hija menor estaba experimentando extraños problemas de salud. La situación se fue intensificando, hasta amenazar con romper su matrimonio y convertirse en un ataque hacia toda la familia.

Un día, mientras Rick estaba en la iglesia preparándose para dirigir una reunión del ministerio, recibió una llamada de sus hijas informándoles que el perro, Jax, se encontraba muy mal, delirando, sufriendo convulsiones y vómitos. Rick se fue inmediatamente a casa y llamó al veterinario. Éste creía que el perro había sido envenenado e instó a su dueño que se lo llevara inmediatamente. Pero mientras Rick llevaba a Jax a la consulta, la querida mascota familiar murió. Rick llevó a Jax a casa, lo despidió ceremonialmente y lo enterró. La familia se angustió. *Señor, ¿cómo es posible? ¡Qué más puede pasar!*

No mucho después, conduciendo por la noche, Rick se alarmó cuando un lobo gris apareció en medio de la carretera, frente a sus luces delanteras. Esa no era una zona en la que hubiera lobos. El animal le miró fijamente con ojos de acero, como desafiándole a atropellarlo. Rick sintió que estaba siendo obligado a salirse de la carretera. A ambos lados de la misma había hondas cunetas, por lo que habría sufrido un accidente grave. Tuvo la espeluznante sensación de que algo quería matarle. Siguió adelante, pensando que muy probablemente pegaría contra el lobo; de hecho, le pareció que le pasó por encima. Con todo, no hubo ningún impacto, ni golpe sordo, ni clase alguna de ruido. Rick no sintió nada. Tampoco contó nada a nadie. *¿Quién le iba a creer?*

Algún tiempo después, sus hijas llegaron a casa y le contaron que una cosa extrañísima les había acontecido. A pocos kilómetros de donde Rick había tenido su experiencia (la cual ellas ni sospechaban), habían visto un lobo gris en la carretera que las había mirado fijamente y casi las hizo salirse de la ruta. Sintieron la estremecedora sensación de que el animal quería matarlas, por lo que resistieron el impulso a desviarse de la carretera. En vez de ello, siguieron adelante y le pasaron por encima, pero, una vez más, ¡sin golpe, sin impacto, sin lobo!

Resultó misterioso oírlas describir el mismo contacto visual con el lobo, la misma impresión que las desafió a golpearlo y la misma sensación de verse obligadas a desviarse de la carretera. Una de las hijas le dijo a Rick: «Papá, ¿no crees que lo que está pasando en nuestra familia es algo espiritual? Este es un ataque demoniaco, ¡tenemos que ejercer autoridad! Las palabras de su hija fueron como una señal de alarma para él. Era, obviamente, más que una casualidad —él creyó que realmente su familia estaba sufriendo un ataque espiritual.

Rick oró y preguntó al Señor qué debía de hacer y sintió que Dios le daba una estrategia. Comenzó a caminar por el perímetro de la propiedad y a tomar autoridad sobre los espíritus demoníacos que intentaban destruir su familia. Hizo esto durante 21 días, 7 veces al día, alrededor de las cuatro hectáreas de su propiedad. Recorrió los límites, la linde de separación. Oró el Salmo 91 como enfoque principal de las Escrituras. Declaró protección, vida, bendición, favor y prosperidad. «La mayoría de la gente piensa en el dinero cuando oye hablar de 'prosperidad'», dice Rick, «pero yo pensaba en más que eso: salud, familia, relaciones, paz y realización».

Pronto la atmósfera que se respiraba en el hogar cambió drásticamente —hasta tal punto, que incluso las circunstancias y las relaciones de la familia extendida que habían causado división les enseñaron a levantarse y orar unidos—. «En vez de salirse el enemigo con la suya», dice Rick, «todo ello fortaleció a nuestra familia y nuestra vida de oración. La atmósfera de nuestro hogar cambió y se respiró un ambiente con propósito, unidad, fortaleza, poder en la oración y autoridad en Cristo».

La familia merece ser defendida

Las fuerzas de las tinieblas existen específicamente para romper nuestras familias. Son demoníacas. Cuando actúan, tenemos que asumir autoridad y destruir tales fuerzas para liberar a nuestras familias. Tony y Elizabeth Jordan eran un matrimonio que parecían tenerlo todo —buenos empleos, una hermosa hija, una casa de ensueño—. Pero las apariencias pueden ser engañosas. En realidad, su matrimonio se había convertido en zona de guerra y su hija en daños colaterales. Se había producido un distanciamiento entre ellos y las discusiones empezaron a ser frecuentes. Fuera de casa, Tony coqueteó con la tentación de quebrar sus votos matrimoniales, y robar a su empresa para sacar ventaja.

Para esa época, Elizabeth, agente de la propiedad inmobiliaria, conoció a una nueva cliente, una mujer mayor llamada «Clara». Cuando Elizabeth contó su frustración, sus dificultades matrimoniales y la conducta de su marido a su nueva amiga, Clara le dijo: «No, estás luchando contra el enemigo verdaderamente».

A través de Clara, Elizabeth se dio cuenta que su lucha no era contra su marido —sino contra un enemigo invisible con planes diabólicos para destruir su matrimonio y su familia—. Volvió a casa resuelta a expulsar al diablo de su casa —y de su matrimonio—. Limpió su ropero y lo convirtió en cuarto de oración. Colgó oraciones y versículos bíblicos en las paredes para Tony. Y en vez de quejarse de su marido, empezó a orar por él.

Las cosas comenzaron a cambiar. Tony sufrió su propia crisis y perdió su empleo. Empezó a sentir remordimiento por sus actos. Se arrepintió y pidió al Señor que le perdonara por extraviarse, por su ira, y por distanciarse de Dios y de su familia. Puso punto final a su coqueteo. Su relación con su esposa y su hija fueron restauradas, y —lo más importante de todo—, con el Señor.

Podrá reconocer que esta historia pertenece a la película *Cuarto de guerra*. ¡Quién iba a pensar que una película sobre la oración —y además, oración espiritual— iba a conseguir un éxito de taquilla! Pero lo obtuvo. La película, estrenada en 2015, protagonizada por la maestra bíblica Priscilla Shirer, ofrece una inspiración radical a las familias de toda la nación. Aunque relata una historia ficticia, la batalla es demasiado real en muchos hogares actuales. Afortunadamente, las mismas armas espirituales que Elizabeth logró entender y usar, están disponibles para todos nosotros (véase 2 Corintios 10:3–5).

Un plan de batalla para la familia

Dios creó las familias para vivir en paz y unidad, para que los hogares fueran refugios de amor y satisfacción. Pero desde el principio de los tiempos se ha librado una batalla para robar la paz y destruir la unidad.

Lo mismo que hizo nuestro amigo Rick cuando recorrió su propiedad y declaró la Palabra de Dios con poder, y Elizabeth, en *Cuarto de guerra*, cuando abrió la puerta de su casa y ordenó en voz alta al enemigo que «saliera», nosotros podemos

—*debemos*— ejercer nuestra autoridad sobre el diablo en nuestras casas. Tenemos que tener un plan de batalla.

En tiempos de conflicto o de prueba, es fácil enfocarse en las personas implicadas y no darse cuenta de que pueden haber espíritus actuando. La gente comienza a echarse la culpa unos a otros, a inculpar a los miembros de la familia o a echar la culpa a las circunstancias. Pero la Biblia nos dice que «no tenemos lucha contra carne y sangre» (Efesios 6:12).

Vivimos en un mundo que contiene dos ámbitos, el espiritual y el natural. Al igual que la serpiente era la más astuta de las criaturas, así también nuestro enemigo, Satanás, está siempre maquinando formas de devorar a nuestra familia, normalmente en maneras que no esperamos o reconocemos (1 Pedro 5:8). Por eso necesitamos estar preparados en un cuarto de guerra propio.

Desarrollemos una estrategia de oración

Como Clara, en *Cuarto de guerra*, algunas familias pueden contar con un cuarto real, donde cuelgan de forma visible peticiones de oración, versículos bíblicos y planes de acción para reclamar el poder y la presencia de Dios. La palabra «estrategia» significa «desarrollar e implementar operaciones militares para derrotar al enemigo». Por lo que respecta a estrategias de oración, éstas pueden incluir:

▸ Ayuno y oración, que aumentan la fe y la autoridad sobre el poder del enemigo. Jesús dijo a sus discípulos, cuando tuvieron problemas para expulsar un demonio: «Este

LUCHANDO CONTRA LAS FUERZAS DE LAS TINIEBLAS

género con nada puede salir, sino con oración y ayuno» Marcos 9:19).

▶ Escribir oraciones bíblicas/declarar la Escritura. «Porque la palabra de Dios es viva y eficaz, y más cortante que toda espada de dos filos» (Hebreos 4:12).

▶ Movilizar a personas fuera de su familia a orar en tiempos de crisis. Cuando Pedro estuvo encarcelado, «la iglesia hacía oración a Dios por él sin cesar» (Hechos 12:5).

▶ Tomar autoridad sobre el enemigo en oración de combate espiritual. Cuando el apóstol Pablo sintió la presencia de un espíritu maligno en una joven, tomó autoridad sobre el espíritu y le ordenó salir de ella (véase Hechos 16:18).

Es muy fácil en tiempos turbulentos o de crisis retornar a reacciones humanas y mecanismos de supervivencia. Si no contamos con un plan de batalla específico, para prevenir esos tiempos (e inevitablemente llegarán), podemos ser consumidos en nuestras emociones humanas o estrategias mundanas naturales para resolver problemas. ¿Creemos realmente que la Palabra de Dios es viva, suficientemente poderosa para cambiar las circunstancias que vemos con nuestros ojos naturales?

El enemigo hará todo lo posible para evitar que usemos nuestras armas espirituales contra él. Hará que sintamos amargura, que estemos llenos de temor, distraídos, ocupados, sin esperanza, avergonzados, que nos creamos indignos o derrotados por haber perdido nuestra autoridad, o armas espirituales, o nos hará sentir demasiado impotentes para usarlas.

Aunque usted no tenga un cuarto físico de oración en su casa, el altar familiar de oración puede ser su centro de mando espiritual. Ahí es donde se libran las verdaderas batallas —aun de vida o muerte— y donde se obtienen las victorias.

Disipe las tinieblas espirituales de su hogar

Elaine nos cuenta cómo su hijo de tres años sufría pesadillas nocturnas que le aterraban en su nueva casa. Después de orar por la habitación del niño ella sintió una presencia maligna, y luego descubrió que probablemente allí había tenido lugar maltrato infantil antes de instalarse en la casa Elaine y su familia. Después de orar por la habitación y pedir a Dios que perdonara el pecado que allí se había cometido, tomando autoridad sobre el mal y ordenando que salga, la paz posó sobre la casa. Los terrores nocturnos del niño no se repitieron más.[1]

La epístola de Santiago nos promete que si resistimos al diablo él huirá de nosotros (véase Santiago 4:7). No dice que si le ignoramos el diablo huirá.

Observe que Elaine pidió perdón por el pecado de maltrato infantil aun cuando su familia no participara personalmente en él. Esto atrajo el poder de la sangre de Cristo a la situación para cortar los efectos persistentes de dicho pecado. Esto cierra la puerta a las fuerzas espirituales de oscuridad en ese lugar. Entonces podemos orar e invitar al Espíritu Santo que venga a nuestra casa, y dedicarla al uso de Dios. Tenemos el poder de limpiar la atmósfera de una casa que ha sido profanada y librarla de oscuridad espiritual.

Podemos aplicar el mismo principio cuando sentimos que hemos introducido en nuestra casa un objeto que no glorifica al Señor, y que invita a las fuerzas del mal a alojarse en ella. Busque todo lo que glorifique a la muerte, el mal, las drogas o la inmoralidad:

- Películas, videojuegos o música
- Pósters y fotografías
- Revistas y libros
- Programas de software/aplicaciones
- Pornografía
- Objetos usados en actividades ocultistas

Si no ha hecho esto nunca antes, puede considerar hacer un inventario espiritual de su casa. Pregunte: «Señor, ¿hay algo en nuestra casa, o vidas, que te desagrade, que invite a las fuerzas de las tinieblas a entrar en ella?» Si recuerda alguna cosa, elimínela, arrepiéntase por haberla introducido en su casa y ore que Dios la limpie.

Rompa ataduras generacionales

A veces las tinieblas persisten porque se ha abierto la puerta a través de los pecados de generaciones previas. La idea de que el pecado puede generar un trastorno generacional es difícil de aceptar para nosotros que somos parte de la sociedad occidental contemporánea. No obstante, hay evidencias, bíblicas y prácticas, de que el influjo espiritual del pecado puede ser compartido por una familia o comunidad, e incluso transmitido de generación en generación.

Una buena amiga mía me dijo que ella y su hermana, ambas con niños, se habían criado en un hogar cristiano que no era muy expresivo en manifestar su amor. Ambas niñas sabían que sus padres las amaban por lo que hacían por ellas, pero nunca les habían oído decir «te amo», ni ser muy elocuentes con abrazos y otras muestras físicas de afecto.

Cuando las hermanas se dieron cuenta de esta fortaleza en sus vidas, de cómo las había afectado (y seguía afectando a sus familias), empezaron a orar juntas por sus padres. No les dijeron que estaban orando por ellos. Simplemente lo hicieron. Se arrepintieron del pecado de escatimar amor y afecto, e intercedieron por sus padres.

Un día, cuando su madre escuchaba un mensaje sobre la importancia de demostrar amor y afecto, recibió la revelación de Dios de haber retenido tal expresión de sus hijos por causa de la educación recibida. Se arrepintió inmediatamente y fue a pedirles perdón. Las hermanas pasaron un tiempo gozoso de oración, afirmación y expresión de afecto con su madre.

Pero la cereza del pastel fue el efecto que provocó en la sobrina de mi amiga de tan solo seis años. La sobrina había sido una niña notablemente reacia desde su nacimiento, no acariciaba ni expresaba ningún amor o afecto. De hecho, no era raro que mordiera y arañara cuando era saludada afectuosamente por otros.

El domingo siguiente, después de un tiempo de oración de su abuela, su tía y su madre, la niña y su madre se sentaron juntas en la iglesia. De repente, la niña se arrimó a su madre todo lo que pudo. «Te quiero mamá», susurró. La madre se quedó atónita porque la niña nunca había sido afectuosa ni expresado «te amo» de su propia iniciativa. Las mordeduras y los arañazos no volvieron a producirse —y la niña se ha convertido en una joven encantadora, expresiva y amorosa que se mantiene muy cercana a su familia.

Sarah Thompson relata una historia que ilustra otro tipo de sanidad generacional.

En el transcurso de un año, me sentí extrañamente atraída a llaves, puertas, umbrales y portones. Cuando me topaba con llaves decorativas, me sentía atraída a comprarlas. Siempre que veía una puerta rara, verja o portillo, sentía el impulso de sacar una foto con mi teléfono. Pensaba, *¿qué habrá detrás de esa puerta?*

Ese mismo año mi marido Jim y yo asistimos a una conferencia de oración cuyo mensaje trató de llaves y puertas. Me sorprendió cuando oí este versículo desde el púlpito: «Y pondré la llave de la casa de David sobre su hombro; y abrirá, y nadie cerrará; cerrará, y nadie abrirá» (Isaías 22:22). Esta Escritura penetró en lo más profundo de mi corazón.

Llegué tarde a casa y me arrastré hasta la cama, pero pocas horas después, me desperté conscientemente de un sueño muy inquietante. Temblaba hasta tal punto que me levanté y fui al salón a orar. El sueño fue sobre una de mis diez nietas, Shelly, que había caído en una vida de rebeldía. Nuestra familia había orado por varios años que Dios cambiara milagrosamente su corazón. Luego me acosté y me dormí pero me volvió a despertar dos veces el mismo sueño. Reconocí que venía de parte de Dios.

En el sueño, me encontré en una casa extraña, en la que había un pasillo de doce metros. Avancé por el pasillo y hallé una puerta entreabierta. En la entrada vi dos siluetas que parecían tener forma humana; una era más alta y corpulenta que la otra.

Cuanto más me acercaba a las dos figuras más sentía una fuerte presencia de maldad y pavor. Finalmente, me detuve delante de ellos y el más bajo se echó a correr. Pregunté a la figura más grande que se identificara y respondió: «Soy su novio y pronto voy a ser su marido».

Dejé atrás la maligna aparición, entré en la habitación y vi a mi nieta sentada en el suelo, apoyada contra la pared y sollozando. Junto a ella estaba sentada una niña pequeña, sin rostro, de unos cinco años. Estando allí presente, en mi sueño, me inundó la pena, y eso fue lo que hizo que me despertara tres veces seguidas.

Busqué al Señor y Él me mostró el significado del sueño. La puerta abierta al final del pasillo simbolizaba a mi nieta abriendo la puerta al enemigo por causa de su rebelión. Comenzó a una edad muy temprana; la niña en el suelo junto a ella representaba la edad que mi nieta tenía cuando todo comenzó. Las figuras en el umbral de la puerta abierta representaban dos fases de su vida: la del «novio» (el que desapareció) y la del marido (el que permaneció en la puerta). Shelly estaba transitando por un tiempo de rebelión en el que su alma se inclinaba a una conducta impía, satánicamente inspirada.

Jim me animó a tomar este asunto como una advertencia de Dios que debía comunicar a mi nieta. Así pues, la llamamos (después de contar a sus padres el sueño y recibir su bendición). Ella aceptó reunirse con nosotros.

Previamente, pedimos al Señor que ablandara el corazón de Shelly y le concediera un espíritu dócil. Sentados en un pequeño café familiar, le conté el sueño y su significado. «¿Crees que es demasiado tarde para cerrar esa puerta?», respondió ella.

Jim y yo nos quedamos prácticamente desconcertados de agradecimiento. «¡No! ¡No es demasiado tarde!», repetimos los dos entusiasmados. Los tres oramos juntos y luego nos despedimos llenos de gozo porque Dios había comenzado una buena obra. Hoy seguimos declarando que esa puerta está permanentemente cerrada y que Shelly camina libre de un enemigo que una vez la mantuvo cautiva.

Hasta el día de hoy, nuestra casa está adornada de puertas y llaves decorativas. Nos recuerdan que Dios nos da llaves de entendimiento —que Él nos ha concedido el poder y la autoridad de abrir y cerrar puertas, atar las obras de las tinieblas y desatar la libertad de Dios.

Observación de modelos familiares

Por regla general, cuando observamos honesta y atentamente a las generaciones de nuestra familia, nos percatamos de patrones, tanto buenos como malos, que prevalecen de generación en generación. Los patrones recurrentes pueden incluir pecados dominantes, problemas de salud, patrones de conducta y experiencia (como el divorcio, embarazos fuera del matrimonio, adicciones, abusos). Algunos patrones pueden continuar en el mismo género.

Tómese algún tiempo en pensar en y orar por su propia familia. Si puede identificar que está viviendo bajo el influjo de pecados generacionales, puede cobrar ánimo porque Dios ha provisto una prescripción divinamente eficaz para librarlo de tal influencia en su vida y su familia. Cuando, por fe, asumimos la responsabilidad de arrepentirnos de los pecados de generaciones anteriores, Dios honra y bendice a nuestra familia.

La autoridad que Dios nos ha dado

Tenemos un enemigo que, como ladrón en la noche, está buscando franquear las puertas de nuestra casa para destruir a nuestra familia. Pero el Señor nos ha dado armas y tácticas espirituales específicas que podemos esgrimir contra el enemigo para vencer en esta lucha. Jesús nos promete: «Os he dado autoridad para pisotear serpientes y escorpiones y vencer todo el poder del enemigo; nada os podrá hacer daño» (Lucas 10:19, NVI).

Si ejercemos la autoridad que Dios nos ha dado sobre el enemigo de nuestras almas, con nuestra familia o a favor de ella, podemos reclamar la protección y el poder de Dios y vivir en una atmósfera de victoria y bendiciones abundantes.

SEGUNDA PARTE

TIEMPO DE ACTUAR

CAPÍTULO 9

Cómo empezar

Pasos prácticos para iniciar
la oración familiar

A veces, la parte más difícil de orar como familia es el comienzo. ¿Quién va a dirigir la reunión de oración? ¿Dónde y cuándo reunirse? Nunca lo hemos hecho antes, ¿cómo debemos hacerlo? ¿Sobre qué vamos a orar? ¿Qué pasa si no quiere venir toda la familia?

Estas fueron algunas de las preguntas que se hicieron los Black. Por lo cual, Julie y Greg Black convocaron una reunión preparativa para que cada miembro de la familia aportara algo sobre el aspecto que debía ofrecer el altar de oración. Como tenían hijos de varias edades, decidieron turnarse para dirigir cada parte del tiempo de oración.

Sentados en torno a la mesa (¡y disfrutando al mismo tiempo un helado de chocolate!), programaron las reuniones de oración. Decidieron el formato del altar de oración, sobre qué clase de cosas debían orar, qué aspecto debía ofrecer, y también, lo que no querían que fuera. Uno de los adolescentes expresó que no quería verse *obligado* a orar en voz audible, y un muchacho de diecisiete años pidió que la reunión no fuese «demasiado larga».

Primeros pasos

Usted puede estructurar el tiempo de oración de su hogar de la manera que mejor se adapte a su familia, y conforme al nivel en el que cada persona desee participar. Esto variará de una familia a otra, y también puede evolucionar con el tiempo. No tiene que comenzar de manera perfecta —lo único que hay que hacer es empezar—. Dios les ayudará.

Muchas familias que conozco, y que oran juntas, usan algún tipo de estructura. Estas son algunas preguntas que puede hacerse cuando está planeando el tiempo de oración familiar.

¿Cuándo y dónde reunirse?

Como hicieron los Black, puede convocar a su familia y debatir la idea de dedicar un tiempo especial cada día o cada semana a la adoración y la oración familiar. Busque una hora en la que todos puedan ponerse de acuerdo, y apartarla para este propósito, no importa qué cosas traten de interferir.

Escoja un lugar que además de cómodo sea adecuado para tener un encuentro con Dios. Comience orando por ese sitio y dedíquelo al Señor. Aunque sea su sala de estar, su cocina o su dormitorio, y se use para muchos otros propósitos, dedíquelo como lugar especial en el que usted y su familia se van a citar regularmente para reunirse con Dios. Hay muchas historias en la Biblia y en la vida moderna de cómo la presencia de Dios permanece en lugares en los que la gente tiene encuentros regulares con Él.

¿Qué papel debe desempeñar cada persona?

Cada familia está formada por personas dotadas que destacan en una cosa o en otra. Aquí hay algunos roles que muchas familias han hallado útiles para coordinar sus tiempos de oración. Algunas personas se sentirán más cómodas realizando la misma tarea, mientras que a otras les puede gustar cambiar de asignación de vez en cuando.

▸ Líder/coordinador (abre y cierra; establece la tónica; escoge actividades, si las hay; busca la aportación de la familia para obtener ideas)
▸ Planificador/organizador
▸ Líder de adoración, si se desea
▸ Anotador en el diario de oración

Estos papeles pueden cambiar con el tiempo, especialmente, a medida que crecen los niños, se preparan y se interesan en asumir un papel de liderazgo. Nuestros amigos Lance y Annabelle Wallnau, que tienen tres jóvenes adultos que viven en casa, han experimentado esto. «Lance y yo solíamos ser catalizadores que juntábamos a nuestros hijos para orar», dice Annabelle, «pero ahora nuestro hijo mayor, Lance, es quien nos invita. Sin su iniciativa probablemente no celebraríamos

¿Cómo mantener el rumbo?

Calendarios llenos e innumerables distracciones pueden amenazar con interrumpir o cancelar su altar familiar de oración. No se desanime. Si se pierde una semana o dos, no se rinda. Sea flexible y persistente. Vuelva a empezar lo antes posible. En nuestra casa, apagamos los teléfonos celulares para reducir las distracciones. Esto nos ayuda a conectarnos con Dios, a oír su voz y disfrutar de su presencia.

Tal vez algún miembro de la familia se ausente con frecuencia del hogar por trabajo u otras razones. Lance, orador internacional e instructor empresarial, nos dijo que cuando él sale de viaje, el resto de la familia se sigue reuniendo para orar. De hecho, la familia ni siquiera interrumpe su hábito aunque esté de vacaciones.

A veces no se trata de viajes, sino de un estilo de vida exigente (o momentos de exigencia) que amenaza con interrumpir la oración familiar. Nuestros amigos Len y Tracy Munsil, mencionados anteriormente, tuvieron ocho hijos en nueve años y medio. Len es abogado y presidente de una organización no lucrativa, y también destacada figura política en Phoenix. Cuando él hizo campaña para el cargo de gobernador de Arizona en el 2006, estuvieron muy ocupados en casa de los Munsil.

Una de las principales preocupaciones de la familia fue cómo seguir conectados y protegidos durante la campaña. Decidieron cuidar su tiempo de oración. Cuando Len tomó la decisión de presentarse a la campaña —decisión por la que oró toda la familia— se comprometieron a mantener regularmente su altar de oración los domingos por la tarde, cuando pasaban tiempo relacionándose, descubriendo cómo le iba a cada uno y orando por necesidades especiales. También oraban por otras familias y la campaña de Len en ese tiempo estratégico.

¿Cómo debemos estructurar nuestro tiempo conjunto?

Lance y Annabelle, antes mencionados, dicen que es importante tener en cuenta las edades, las personalidades y los intereses de la familia cuando se programa su tiempo de oración. Los niños pequeños no pueden quedarse mucho tiempo sentados, por lo que es importante que los tiempos de oración sean breves o permitirles que jueguen tranquilos. Si tiene hijos adolescentes, deje que le ayuden a tomar la decisión sobre qué hacer.

Annabelle dice: «Siempre invitamos a todos nuestros hijos al altar familiar, aunque ellos no quieran participar. Si no vienen, tenemos la oración familiar sin ellos. Siempre les invitamos, pero nunca criticamos a los que no participan tanto. Pueden encontrarse en distintos niveles de compromiso. Por ejemplo, nuestra hija Joy, no siempre ora en voz alta, pero se tumba en el suelo y se sumerge en la adoración».

Quizás usted o los miembros de su familia sean artistas y deseen expresar sus oraciones y alabanzas por medio de dibujos. Pueden incorporar toda clase de creatividad a su tiempo de oración familiar para que todos se involucren y aporten dones e intereses.

¿Cómo podemos llevar un registro de nuestras necesidades de oración?

La mejor manera de recordar las peticiones de la familia y motivos de alabanza es llevar alguna clase de diario o anotación en los tiempos de oración en familia (y por ende, para cualquier tiempo de oración). Una mamá —Amanda— me confió: «Cuando empezamos a guardar un registro de peticiones de oración en un cuaderno y anotar las peticiones y las respuestas —cuando llegaban—, empezamos a ver a Dios moverse, y cómo aumentaba la fe de nuestros hijos».

Nosotros hemos comprobado que comenzar el tiempo de oración compartiendo respuestas a las plegarias aumenta el nivel de expectación y crea una atmósfera de esperanza confiada en que Dios va a volver a respondernos. A menudo lo hacemos abriendo el diario de oración y repasando las cosas asombrosas que Él ha hecho en nuestra familia. Cuando leemos las respuestas a la oración y las maneras en que Dios ha intervenido en nuestra vida —incluso años después del hecho— nos estimula en tiempos cuando podemos sentirnos temerosos o desanimados. Edifica nuestra fe —y la de nuestros hijos— en la bondad y el poder de Dios.

¿Cómo podemos cultivar una atmósfera limpia y vivificadora?

El altar de oración de su familia puede ser un tiempo delicioso, feliz, interactivo, lleno de entusiasmo, que toda la familia espera con verdadera anticipación.

Annabelle Wallnau me dijo: «Nosotros tenemos una familia que fluye con bastante libertad. Uno de los beneficios añadidos de tener un tiempo de oración y adoración familiar regular es que nos ofrece una estructura intencional para cosas que realmente importan, como alentarnos unos a otros, conectar, afirmar, fortalecer la seguridad, edificar la fe y la motivación».

La familia Wallnau procura extender esta atmósfera vivificante siempre que puede. Cuando tienen huéspedes en su casa, les invitan a sus tiempos de oración y adoración. Dice Annabelle: «Hemos descubierto que esto estrecha las relaciones. Avisa a nuestros huéspedes de lo que a nosotros realmente nos importa».

Incorporemos la adoración

Las familias me suelen decir que perciben literalmente el cambio de atmósfera en su casa cuando cantan o meditan en canciones de adoración centradas en Dios. Esto puede incluir música en su tableta o teléfono celular, o que usted mismo crea.

Su familia puede ser musical y disfrutar incorporando este elemento a su altar de oración. Annabelle me dijo:

LA FAMILIA REBOSANTE DE ORACION

Lance tiene experiencia como líder de adoración en una iglesia, así que se puso a tocar el piano en nuestro tiempo de oración. Este elemento extra de adoración es realmente importante. Nos reunimos en el vestíbulo alrededor del piano de cola. Empezamos presentando nuestras peticiones de oración o expresiones de alabanza, y después nos ponemos al día de cómo le va a cada uno. Cualquiera de nosotros puede aportar una porción de Escritura; Lance toca el piano, y todos adoramos y oramos. A veces oramos los unos por los otros durante el tiempo de adoración y compartimos lo que sentimos que Dios nos está diciendo a cada uno. Es algo muy natural, fluye libremente. No tenemos agenda. Expresar hambre por la presencia de Dios y buscarle en adoración es lo que realmente abre la puerta a su presencia y visitación. En muchos ambientes en los que hemos hecho esto, se asienta una densa, «poderosa» presencia del Señor que suele permanecer durante horas o días. Hemos descubierto la verdad de la promesa de Dios: «Acercaos a Dios, y él se acercará a vosotros» (Santiago 4:8).

Brad y Nikki son un matrimonio que experimentó el poder vivificador de la adoración que cambia la atmósfera cuando se comprometieron a aceptar un reto que lanzó su estación de radio local. ¿En qué consistió el reto? En escuchar solamente música cristiana durante treinta días.

Brad y Nikki querían llevar este desafío a otro nivel. Se prometieron uno al otro inundar su casa con música de adoración cristiana y a mantener devocionales familiares cada noche del mes. Saturaron su casa y su familia con oración y adoración.

«Todas las noches después que el bebé se quedaba dormido, adorábamos, orábamos y leíamos la Palabra. Después de esto, la atmósfera de nuestra casa cambiaba. Ya no querían pasar todo su tiempo en las redes sociales ni jugando videojuegos. Muestran fervor y se esfuerzan por buscar a Dios. Lo único que desean hacer es conversar con Dios, adorarle, leer la Palabra y orar».

Imagínese el altar familiar

Su altar familiar puede tomar un aspecto de orar alrededor de la mesita del café, sentarse en su patio, arrodillarse de noche en torno a la cuna del bebé, pasear por su vecindario u orar calladamente por sus vecinos. Puede asemejarse a una llamada, o conferencia telefónica, o reunión de oración vía Skype, si su familia está esparcida.

En general, los tiempos de oración familiar pueden incluir súplicas por asuntos como la salud, protección, provisión, dirección, salvación y relaciones. Puede abarcar clases muy distintas de oración: escucha, bendiciones, peticiones, acción de gracias y guerra espiritual. También puede incluir canciones de adoración. Con tanto para escoger, su altar familiar no tiene por qué ser aburrido.

Consejo para las familias jóvenes

Cuando los niños son muy pequeños, y especialmente cuando son muchos, la capacidad de concentración es escasa, suele haber algo de desorden y el nivel de energía de mamá y papá depende de cuánto hayan dormido (o no) la noche anterior. Esto no significa que haya que abandonar la oración familiar.

Tracy Munsil refiere esta historia:

Siendo una madre joven recibí apoyo del ministerio de mujeres de mi iglesia para orar y tener un estudio bíblico diario. Todas las que me rodeaban parecían hacerlo bien. Yo lo intenté, pero cuando llegaron otros niños, ¡intenté sobrevivir! Sentí que andaba sobre agua con un peso en cada mano, de modo que añadir una oración altamente estructurada y elemento devocional no iba a dar resultado. Recuerdo que sentí que no daba la talla, que no estaba cubriendo a mis hijos en oración como debía hacerlo. Sentí que estaba fallando en lo que todas las demás (o al menos eso me parecía) estaban haciendo por sus familias.

Fue difícil para Len y para mí planear un tiempo bíblico por la mañana, por no decir de devoción y listas de oración. Algunas mujeres proyectan diapositivas, gráficos y estrategias devocionales que usan con sus familias con días de la semana para distintas clases de oración. ¡Dios mío! Me sentí abrumada e increíblemente derrotada, como si fuera una mala mamá.

Pero Len y yo nos dimos cuenta que como padres de ocho hijos pequeños, nuestro tiempo de oración tenía que ser distinto. Oramos para ver a nuestros hijos con los ojos de Dios, como Él los veía, que nos diera su corazón por cada uno de ellos para conocer, percibir y sentir la vocación que Él tenía para cada uno de ellos. Pedimos su dirección, que su Espíritu nos guiara cada día, e intentamos ser obedientes a lo que Él nos pedía encarar —y nada más que eso.

CÓMO EMPEZAR

Puede imaginarse en un hogar con ocho pequeños, un día cualquiera, hay que enderezar muchas conductas, pues afloran muchos asuntos pecaminosos, y hay que tratar muchas cuestiones de carácter. No había manera de que pudiéramos —o intentáramos— hacernos cargo de todos los asuntos al mismo tiempo. En un contexto de tomar acción, esa fue mi postura por defecto —intentar arreglar todo lo que veía, siempre que lo veía—. Pero actuar así era imposible, como también destructivo.

Dios me dio una palabra-figura para ayudarme: Imagínese un gran fogón, con muchas ollas de cocina borboteando. Bullirían y hervirían bien sin que yo hiciese nada de inmediato. Pero algunas podrían rebosar, o salpicar, o desbordarse. En esas me tendría que fijar. Solo me tendría que ocupar de las que Él identificara en concreto (las que se desbordaran, los asuntos inmediatos de la casa) y estaría bien que las otras hirvieran a fuego lento. Así que oré que Él me mostrara claramente qué asuntos necesitaban atención diaria, porque a ellos me debía dedicar.

Con tantos niños, aprendí que tenía que ser amable conmigo misma, y no intentar lo que todo el mundo en derredor parecía hacer con tanto éxito, como devocionales diarios, sino aferrarme a porciones de oración cuando pudiera. En mi casa, había algunos lugares donde pasar tiempos de quietud y silencio relativos en medio del caos familiar —en el fregadero, la lavandería, la clase—, de modo que en esos lugares puse un versículo bíblico o póster para acordarme de orar, que me animara a volver a enfocarme en Dios. Nada pesado, tan solo un breve recordatorio visual para aprovechar el instante de quietud y centrarme en Dios.

Pasé mucho tiempo orando mientras doblaba la ropa. A veces, cuando oraba por la noche, me quedaba dormida en medio de mi conversación con Dios. Después, me sentía increíblemente culpable, pero al menos había estado orando —y Él sabía cuán cansada estaba.

A medida que los niños se fueron haciendo mayores, Len y yo pudimos desarrollar una vida de oración más estructurada. Reservamos los domingos para conectar como familia y orar juntos. Perseveramos en la oración como parte de nuestra vida cotidiana, no solo en reuniones familiares dominicales. Ese estilo de vida de oración ha continuado hasta el día de hoy.

Sea cual fuere la fase de su vida en que se encuentre, sea flexible y concédase mucha gracia a sí mismo (y a los demás). Cada miembro de la familia es único, singular. Todos cambian y maduran a través de los años, por tanto, ayuda el adoptar una actitud de «fluir con los demás». Con una perspectiva afable y despreocupada, junto con el compromiso firme de preservar el tiempo de oración familiar, toda familia puede conseguir que la oración llegue a ser una parte gozosa y vivificante de su vida cotidiana.

CAPÍTULO 10

Salto de vallas

Superación de obstáculos para lograr
una vida de oración familiar pujante

Amelia era una madre joven cuyo marido, Frank, era soldado de infantería del ejército. Él había sufrido un gran trauma en sus despliegues ultramarinos y estaba siendo tratado por grave estrés postraumático, convulsiones y lesión cerebral traumática. Amelia ansiaba fuertemente que su hogar estuviera unido en oración, especialmente, ante los desafíos que afrontaban su marido, su matrimonio y su familia. Amelia fue retada por un versículo que dice que los maridos pueden ser «ganados» por la conducta de sus esposas (véase 1 Pedro 3:1). Ella y sus hijos mantuvieron su altar familiar orando regularmente por Frank, y aunque él no se oponía, no tenía deseo de unirse a ellos. Pero el tiempo fue pasando, su corazón se caldeó y comenzó a sanar.

Finalmente, estuvo dispuesto a orar en las comidas. «De hecho», dice Amelia, «ahora no come a menos que hayamos orado juntos». En los días difíciles en que él no participaba en la oración familiar, Amelia creyó que era importante que el resto de la familia no le diera mucha importancia. «Sencillamente, adaptamos nuestra oración familiar y fuimos fieles».

Inconvenientes y obstáculos

Guárdese de los obstáculos que se oponen a su altar familiar de oración. A veces surge una abierta oposición. Si usted experimenta esto, no está solo o sola.

He hablado con familias acerca de los retos que han tenido que enfrentar para iniciar y mantener su oración familiar. He aquí algunos de los obstáculos más grandes y cómo aprendieron a sortearlos:

«Estamos muy ocupados»

Entre los obstáculos más comunes, quizá el más grande sea el tiempo. Las familias están ocupadas: trabajo, colegio, deportes, clases, compromisos de iglesia y otras actividades sobrecargan nuestros horarios y calendarios. Solemos correr y apresurarnos de comité en comité, navegando muchas veces como proverbiales barcos nocturnos que pasan. Ya tenemos bastantes apuros para hallar tiempo para comer juntos, más aún para orar y adorar como familia.

Esto es cierto, tanto por lo que se refiere a mi familia, como a cualquier otra. Pero tengo que admitir, que encuentro tiempo para ver mi programa de televisión favorito, examinar Facebook o ir al gimnasio. Todos nos las arreglamos para encontrar tiempo para hacer lo que realmente nos apetece.

La clave para sortear este obstáculo es priorizar la oración y la adoración familiar. Cuando el altar familiar se convierte en parte de nuestra rutina y recibe un lugar prominente en nuestras prioridades, hallamos tiempo para ello.

«Mis hijos se resisten»

Los niños pueden resistirse al principio. Puede ser que los niños en escuela intermedia, los adolescentes que empiezan a ejercer su independencia, o los niños más pequeños se muestren inquietos. Incluso los esposos pueden mostrarse reacios, como experimentó Amalia. ¿Qué debe hacer usted? Actuar humildemente.

Si la resistencia proviene de un adolescente o cónyuge, disculpe su asistencia. No debe haber retribución, castigo, o intimidación ligados con la llamada de alguien al altar familiar. Puede que usted sea la única persona que desea comenzar. No permita que esta circunstancia le detenga.

Una de las mejores formas de conseguir que los niños se involucren es dejarles dirigir o planear el tiempo de oración. Pídales que preparen preguntas para iniciar la oración que ayuden a abrir el corazón y entablar conversación. Pueden incluir preguntas como las que comentamos en los capítulos 3 y 7, como, «¿qué quieres que Dios haga por ti esta semana?»

Comience con cualquiera que esté dispuesto a acompañarle. A medida que experimentan respuestas a la oración, cuando la atmósfera de su casa comience a cambiar, probablemente apreciará un cambio de corazón y su altar de oración se reforzará.

«No estoy seguro de quién debe dirigir»

Tal vez esté esperando que alguien de su familia inicie o dirija la oración familiar. A veces las esposas sienten que sus maridos deben tomar la batuta, y si esto no ocurre, el proceso se puede estancar. Pero cualquiera puede dirigir la oración familiar —padre, niño o adolescente—, o se pueden turnar para dirigir.

Hay razones por las que nadie sale a la palestra. A menudo las mamás y los papás no asumen el liderazgo porque se creen incompetentes —nunca han tenido un modelo; no saben qué hacer—. Algunos padres aseguran que han fracasado muchas veces como padres y aun como cristianos. Uno puede temer que los miembros de su familia se rían o le critiquen. O puede pensar que no tiene un buen conocimiento bíblico. Algunas personas, en fin, no se sienten cómodas orando en voz audible. No importa cuál sea la causa de nuestra falta de confianza, no debemos permitir que la incompetencia o el temor nos impidan dar un paso de fe para dirigir a nuestra familia a una aventura espiritual transformadora.

Si está nervioso, hágaselo saber a su familia. Se humilde y esté dispuesto a reírse de sí mismo. Sea honesto y dígales que está aprendiendo sobre la marcha y que juntos van a adquirir el hábito.

Hace falta mucha menos experiencia para dirigir la oración familiar de lo que usted pueda pensar. No tiene por qué resultar perfecto, ¡lo importante es que se haga!

SALTO DE VALLAS

«Mi cónyuge no quiere participar en la oración familiar»

Si su cónyuge no quiere participar en el tiempo de oración, cabe preguntarse «por qué».

Tal vez su cónyuge no es creyente, o es un creyente nuevo que se siente incómodo dirigiendo la oración. Esto no tiene nada que ver con usted, de manera que la mejor respuesta es dejar que él o ella sepan que son siempre bienvenidos, pero siga adelante sin ellos.

No obstante, algunas personas no quieren comprometerse en la oración familiar porque temen cometer algún error o ser corregidas por su esposo o esposa. Algunos pueden sentirse incompetentes o pensar que su cónyuge ora mejor que ellos. Otros se tornan impacientes cuando ven que las oraciones de su cónyuge son interminables.

Como la esposa estereotípica que quiere que su marido haga más tareas en casa, pero va detrás de él, recogiendo y asegurándose que la tarea se lleva a cabo a su nivel de perfección, ¡este enfoque no funciona!

Quizá nuestro cónyuge no ore ni dirija como lo hacemos nosotros. Sin embargo, avanzaremos más y tendremos más éxito si le dejamos actuar a su manera.

Con el paso de los años, he hallado que la llavecita que ayuda a los maridos a empezar un estilo de vida de oración conjunta es simplemente pedir a su marido que ore *por* usted —no necesariamente *con* usted, como cuando ambos oran en voz audible—. Procure que él haga una pequeña oración por usted. Quizás este sea un tiempo en el que necesita oración o se siente un poco deprimida o desanimada, y él quiere hacer esto por usted.

«Soy un padre soltero o madre soltera»

Sin un compañero en casa que comparta la responsabilidad de criar una familia, los padres solteros tienen mucho trabajo que hacer. La vida puede resultar agotadora —y la idea de añadir una cosa más que hacer puede resultar abrumadora—. Es difícil estar (o mantenerse) motivado cuando una persona sola tiene que sostenerlo todo, pero las familias con uno solo de los padres necesitan un altar de oración más que nunca, en un tiempo crucial de sus vidas.

Una madre soltera que conozco, Priscilla, me contó que oraba con sus hijos cuando se quedó sola por abandono de su marido. Los niños —a la sazón de tres, cinco y siete años—, comprensiblemente, estaban asustados y confundidos. Así que, por la noche, después de ponerse la pijama, se echaban en la cama matrimonial de Priscilla para escuchar cuentos y elevar oraciones. Cantaban canciones, como «Cristo me ama», que los niños se sabían de memoria. En esa atmósfera relajada, conversaban libremente y Priscilla usaba ese tiempo para conectar con ellos y descubrir lo que había en su corazón. Después oraban. A veces, uno de los niños decía: «Oremos por papá». Otras veces oraban por las necesidades familiares. Ese tiempo especial, unido, con su mamá y con el Señor, ayudó a los niños a sentirse seguros, amados y consolados en un tiempo en el que tan angustiosamente lo necesitaban.

SALTO DE VALLAS

«No quiero ser religioso»

En los últimos años se ha extendido un movimiento que propugna abandonar todo lo que tiene apariencia de religión excesiva y perseguir un cristianismo «real», «radical», «acerca de Jesús, no de religión». Aunque estos son ciertamente objetivos plausibles, la reacción puede conducir a veces a perder experiencias espirituales auténticas con el afán de desprenderse de la «religión». No permita que el temor de parecer religioso le intimide. Algunas tradiciones son dignas de ser preservadas porque trascienden la mera «religión» y ofrecen modelos de eficacia probada para acercarse a Dios. Busque al Señor y deje que Él le guíe.

«Nuestros estilos de oración son muy distintos»

Matt Merrill relata esta historia acerca de distintos estilos de oración:

Cuando Alia y yo nos casamos nos costó aprender a orar juntos. Ambos teníamos una sólida vida de oración antes de casarnos, pero nuestros estilos eran completamente diferentes. Cuando oramos juntos, a mí me gustan las oraciones breves que saltan, y van y vienen. A ella le gusta hablar de todo antes de empezar a orar. A mí me gusta orar antes y hablar después.

A Alia le gusta sentarse, llevar un diario y esperar en el Señor. A mí me gusta orar al pasear o caminar, por eso se me da bien el senderismo o las caminatas alrededor del lago. Ella quiere leer la Biblia y después comentar el texto. A mí me gusta leer la Biblia y orar conforme a las Escrituras. Alia no quería normalmente orar por temas de trabajo —quería orar por cosas personales—. Para mí el trabajo es personal. Nos pisábamos los callos porque cada uno tenía sus opiniones acerca de cómo debía de ser el tiempo de oración.

En estos días, cuando oramos decimos: «¿Es este un tema por el que te gustaría orar ahora?» Tuvimos que aprender a ser más sensibles con las oraciones de cada uno y no intentar cambiar el estilo de la otra persona.

«Yo soy el único que quiere orar»

Usted puede ser la única persona de su casa que quiere orar, o el único cristiano que hay en su casa. Los retos que se oponen a la oración familiar pueden parecer insuperables.

De todos modos, ore. La Escritura nos promete: «La oración eficaz del justo puede mucho» (Santiago 5:16). Sus oraciones pueden mover montañas, e incluso el corazón de los miembros de su familia. Usted puede establecer un altar familiar, y pedir a Dios específicamente que lleve a cabo los cambios que Él quiere ver.

También puede pedir ayuda. Sin alguna especie de apoyo, resulta fácil desanimarse. Busque un compañero o compañera de oración con quien orar por las necesidades de cada familia. Un grupo de oración de mujeres se reunía semanalmente con el único propósito de orar por las necesidades de los miembros de cada familia, lo cual acarreó resultados impresionantes. Hubo esposos e hijos que se entregaron al Señor; provisión de recursos y empleo; matrimonios restaurados; provisión económica para sufragar tasas escolares.

Hay poder en la oración unida, y si usted no puede encontrarla dentro de su familia, búsquela en otra parte. ¡No permita que el aislamiento y el desánimo detengan el poder de la oración para transformar a su familia!

Conozca a su verdadero enemigo

Es importante reconocer que cierta resistencia puede exceder a meros asuntos en el ámbito físico. Tenemos un enemigo que está siempre al acecho, tratando de oponerse y de distraernos (véase 1 Pedro 5:8). Cualquiera de los obstáculos anteriormente mencionados puede ser atizado espiritualmente. Las Escrituras nos recuerdan que no luchamos «contra carne y sangre, sino contra principados, contra potestades, contra los gobernadores de las tinieblas de este siglo, contra huestes espirituales de maldad en las regiones celestes» (Efesios 6:12). El diablo no se va a presentar en su casa con cuernos y vestido con traje rojo. Como vimos en los capítulos 4 y 9, lo más probable es que aparezca en actitudes irrespetuosas, muchas tareas, distracciones, enfermedades, problemas económicos y otros problemas aparentemente naturales.

No permita que nada le impida orar con y por su hogar. Vale la pena luchar por su familia —y la oración es su arma más poderosa.

CAPÍTULO 11

Orando en todas las estaciones de la vida

*Nunca es demasiado pronto
ni demasiado tarde*

Cuando Nicole estaba en preescolar, la vida era extremadamente atareada. Me daba la sensación de que el único tiempo que tenía para pasar a solas con el Señor era por la mañana muy temprano. A menudo, me despertaba a las cuatro de la madrugada, me levantaba, pasaba de puntillas por delante de la habitación de Nicole y me acercaba al sofá del salón a orar mientras me asomaba por la ventana a la noche silenciosa y tranquila. No importa cuán poco ruido hiciera, normalmente pasaban unos minutos hasta que oía el golpeteo de unos piececitos y veía la silueta de Nicole aparecer arrastrando manta y almohada.

«¿Qué estás haciendo, mamá?», me preguntaba.

«Estoy orando, cariño. Este es el tiempo de mamá para hablar con Dios».

Al principio, intenté obligarla a volver a la cama. En esa fase de mi vida, no reconocí que estaba a punto de perder una oportunidad maravillosa de invitar a Nicole a mi altar de oración —de demostrarle mi amor por Dios y modelar una vida de oración—. Cuando me di cuenta de que casi todo mi tiempo de oración se consumía en tratar de convencerla de que volviera a la cama, empecé a invitar a Nicole a sentarse en silencio conmigo durante mi tiempo de oración. Envuelta en una manta caliente, ella se acurrucaba junto a mí y me escuchaba susurrar oraciones a Dios. A veces, se quedaba dormida a mi lado. Con frecuencia, la primera luz de la mañana nos sorprendía sentadas juntas en la presencia del Señor.

Nunca se es demasiado joven

Podemos pensar que los bebés y los niños pequeños son demasiado jóvenes para orar o entender lo que oramos. Técnicamente, esto es verdad; no obstante, no son demasiado jóvenes para experimentar la presencia de Dios, o para recibir su amor y su consuelo. Aunque puede que no entiendan el significado de las palabras, pueden experimentar el fruto del Espíritu: «amor, gozo, paz, paciencia, benignidad, bondad, fe, mansedumbre, templanza» (Gálatas 5:22-23). Pueden absorber de la atmósfera espiritual que hay en nuestro hogar las cosas que les harán emocional y espiritualmente sanos y fuertes.

Una mañana, cuando Nicole solo tenía unos pocos días, yo estaba orando mientras la atendía en su cuarto. Teníamos que asistir a varias reuniones y decisiones importantes que Hal y yo habíamos de tomar, por lo cual mi tiempo de oración se centraba en esas cosas. Oré por el día de Hal y por el mío.

Bueno, ¿por qué no oras por el día del bebé?, sentí que me decía el Señor.

¿Por qué me pedía el Señor hacer eso? Ella no tenía que tomar decisiones ese día, ni había nada planeado en su horario. Ni siquiera tenía que vestirse o procurarse alimento. Sin embargo, el Señor me pidió claramente que lo hiciera.

Por la mañana, cuando estaba vistiendo a Nicole, me puse a orar por su día, que estuviera lleno de paz y protección, y supiera que era amada por su papá, por mí y por el Señor. Por la noche, cuando la mecí para que se durmiera, aproveché aquel precioso momento para orar por sus sueños, su salud y su futuro. Cuando la metí en la cuna, pusimos música cristiana instrumental, que se oía muy suavemente en su habitación por la noche invitando que la presencia de Dios llenara la atmósfera.

Después supe, cuando ella aprendió a andar, que nunca es demasiado pronto para invitar a sus hijos a acompañarle en su tiempo de oración personal. Si su hijo puede estar sentado (aunque sean cinco minutos), esta experiencia le dejará una huella indeleble. Y ni siquiera hace falta estar sentado y en completo silencio. El papá de Nicole solía llevarla consigo a dar paseos de oración cuando estaba oscureciendo. Nicole recuerda cuánto disfrutaba montada en los hombros de su padre, mientras él paseaba por el vecindario y derramaba su corazón ante Dios.

«Un "cuarto de oración" abierto al parloteo intrusivo de los niños puede representar una magnífica oportunidad para demostrar su reverencia y su amor a Dios», dice Keith Wooden, en su libro *Teaching Children to Pray* (Enseñando a los niños a orar). «Invítelos a entrar en el lugar Santísimo para que saboreen la presencia del Señor que le acompaña».[1]

La oración en el hogar variará conforme a las distintas fases de la vida familiar. Hal y yo ya somos abuelos, y resulta divertido recordar y darnos cuenta de que hemos mantenido un altar familiar en nuestro hogar a través de cada estación de nuestra vida juntos: recién casados, padres primerizos, años escolares, nido vacío y abuelos. Cada estación ha acarreado distintas necesidades, retos y circunstancias.

Años elementales

Los niños con edades comprendidas entre los cinco y los doce años descubren que aprender de Dios y de su Reino y cómo funciona la oración puede ser bastante divertido.

No suelen ser tan cohibidos como los adolescentes, están más dispuestos a intentar cosas nuevas, y a menudo aprenden cosas valiosas sobre la marcha.

Nate Dorn, padre de siete hijos, antes mencionado, dice:

Nosotros solemos orar siguiendo un formato de oración intercesora: peticiones por otras personas, amigos, algún enfermo de la iglesia, misioneros. Oramos dos años por un hombre de nuestra iglesia que tenía cáncer terminal. Cinco o seis noches por semana, los niños, mi esposa y yo presentábamos a Jack delante del Señor. Un día en la iglesia le dije: «Sabes, Jack, te recordamos en oración todas las noches y todos nuestros hijos conocen tu nombre».

«¿Sabías que tus oraciones me mantienen vivo?», respondió Jack. «Hace dos años los médicos me dijeron que solo viviría un mes».

Cuando nuestros hijos oyeron esto se conmovieron profundamente, lo que les hizo ver el impacto de nuestro tiempo de oración.

A los niños en edades de primaria normalmente les gusta dibujar, hacer manualidades y crear. Esta es una manera maravillosa de expresar sus oraciones en el altar familiar. Pueden recortar dibujos y palabras de revistas y periódicos, quizá suceden cosas que salen en las noticias por las que quieran orar —niños que sufren hambruna en países del tercer mundo, o tormentas y huracanes que han dejado a muchas familias sin techo—. Pueden colorear, pintar y esculpir lo que esté en su corazón. Pueden traer fotos de sus amigos y maestros por los que quieren que ore la familia, o hacer tarjetas para repartir entre los miembros de la familia, que expresan lo que ellos sienten que Dios quiere decir a cada persona. Como descubrió la familia Dorn, la oración puede ser poderosa para este precioso grupo de edad.

Años adolescentes

Los años de la adolescencia pueden ser algunos de los más emocionantes de la oración familiar. ¿Le parece chocante que diga esto? Los padres de adolescentes normalmente hacen referencia a la dificultad de comunicarse con sus hijos adolescentes, y concluyen que sus hijos no quieren pasar tiempo con ellos. En su libro *A Parent Privilege* (El privilegio de un padre), la investigación de los autores Steve Wright y Chris Graves sacuden esta noción preconcebida. Ellos descubrieron que una apabullante mayoría del 98 por ciento de estudiantes cristianos encuestados deseaba orar con sus padres ¡con la misma o mayor frecuencia que ya lo hacían!

Se pidió a los estudiantes que completaran la siguiente frase: Me gustaría que mis padres _____. Ellos respondieron:

▶ Comenzaran un devocional familiar
▶ Leyeran más la Biblia conmigo
▶ Oraran más conmigo
▶ Se tomaran mi cristianismo en serio

Muchos adolescentes no tienen familias que pasen tiempo reunidas. O no tienen familias que oren. Por eso siempre procuramos incluir a las amigas de Nicole en los tiempos de oración familiar. Oramos por ellas y con ellas, y con frecuencia las invitamos a orar en las comidas y ocasiones especiales. De hecho, la cultura de oración que creamos en nuestro hogar lo convirtió en un punto de encuentro para orar con las amigas de instituto de Nicole. Hubo veces en las que literalmente los niños desbordaban el salón y atestaban la escalera cuando se reunían a orar en nuestra casa.

Esto desató un movimiento de intercesión de los adolescentes por sus familias, colegios y comunidades. Esa reunión juvenil, denominada «Orilla sagrada» (que llegó a congregar hasta 400 jóvenes), se reunía en las casas, y una vez al mes en las iglesias. Las reuniones duraban horas, a veces hasta la medianoche,

ORANDO EN TODAS LAS ESTACIONES DE LA VIDA

ya que clamaban a Dios por la salvación y liberación de amigos y miembros de sus familias. Oraban por avivamiento en sus institutos y para que Dios interviniese en problemas comunitarios, como drogas, tráfico de sexo, aborto y hogares rotos. Los padres fueron arrastrados por el movimiento y muchos dieron cabida al hambre de oración de sus hijos adolescentes. Las mamás y los papás hicieron de acompañantes y de conductores cuando el grupo llevó furgones de oración a los centros educativos en agosto, antes de dar comienzo el nuevo año escolar. Alentaron a sus hijos asistiendo a reuniones de iglesia y sentándose en la última fila a orar.

Si animamos a nuestros adolescentes a orar como ellos quieren y a aprovechar su pasión en favor de amigos, colegios y causas, lo más probable es que prosperen en su vida de oración. A veces, el altar de oración familiar nos lleva fuera de nuestros hogares —y pueden ser nuestros hijos los que nos lleven.

Nidos vacíos

Cuando Nicole se hizo mayor y se casó, el tiempo regular que Hal y yo apartábamos para orar en compañía menguó por una temporada. A veces orábamos cuando viajábamos juntos o cuando alguien tenía una necesidad especial, pero nuestros tiempos de oración como pareja ya no eran intencionales o uniformes.

Un día empezamos a sentir que el Señor nos llamaba a restablecer el altar familiar, aunque solo fuera para nosotros dos. Empezamos apartando una hora el domingo por la noche para orar. Al cabo de poco tiempo, nuestros tiempos de oración se ampliaron a otras noches de la semana. A veces pasábamos la primera parte de nuestro tiempo leyendo las Escrituras o un libro cristiano inspirador. A menudo leíamos un capítulo por noche, turnándonos en la lectura. Esas historias siempre catalizaban nuestra fe y nos daban nuevas perspectivas para orar.

Hijos crecidos y ausentes

Mi mamá y mis cuatro hermanos (dos hermanos y dos hermanas) viven en distintas partes del mundo. Mamá no puede llamarnos e invitarnos a asistir a la oración familiar, sin embargo, nos sirve como centro de mando para movilizar las tropas cuando uno miembro de la familia necesita oración. Aunque nunca le dimos este título, mi mamá sirve como «coordinadora de la oración familiar». Como tal, mantiene a todos informados de lo que pasa en la vida de cada miembro de la familia y por qué cosas hace falta orar.

Mamá también escribe y envía correos de oración basados en las Escrituras, específicamente dirigidos a necesidades familiares presentes, como cuando uno de nosotros tiene que operarse, necesita una subida de sueldo o empleo, o tiene problemas relacionales o emocionales.

«No podemos dejar que cada uno ore por esto y por aquello», dice mi madre tejana. «Tenemos que orar de acuerdo unos con los otros. Tampoco quiero que la gente dude que Dios nos va a responder», asegura. «Por eso todos necesitamos orar basándonos en la Palabra de Dios en fe».

Recuerdo una vez en que mi hermana Christy estaba en la universidad y tenía que entregar un trabajo al día siguiente. Ella lo había aplazado y no había manera de tener el trabajo listo, aunque estuviera toda la noche en vela. Pero mamá enseguida llamó a todos mis hermanos y nos pidió que oráramos a Dios para que interviniera de alguna manera y ayudara a Christy. La mañana siguiente, aunque corría el mes de mayo y aunque era altamente improbable que esto sucediera, cayó una tormenta de nieve que cubrió la ciudad y ¡se cancelaron las clases!

Aunque el Señor no siempre nos libra de todos los líos en que nos metemos, Él se ocupa de responder las oraciones, especialmente cuando una mamá moviliza la tropa y clama a Dios por uno de sus hijos.

Celebraciones familiares

Las estaciones de la vida suelen ir marcadas de momentos decisivos, como nacimientos, cumpleaños, graduaciones, compromisos, bodas, fiestas de recién nacidos, dedicaciones, jubilaciones y otros. Todos ellos ofrecen excelentes oportunidades para reunirse como familia a celebrar ocasiones especiales y orar por los que reciben honra. Al hacerlo, damos gracias a Dios por todo lo que ha hecho y pedimos su bendición y su ayuda por la próxima estación.

Cuando invitamos al Señor en esas ocasiones significativas, la celebración se enriquece y atrae al Espíritu de Dios de una manera tangible y memorable. Es una manera de expresar que el Señor ocupa el centro de nuestra familia, y establece una

Compromisos y bodas

Desde que Nicole era pequeña, hemos orado por su compañero. Así que cuando llamaba a casa y hablaba de su apuesto supervisor en el trabajo —Marco—, Hal y yo empezamos a orar por su relación en pañales. Por entonces no lo sabíamos, pero los padres de Marco también estaban orando.

Justo antes de que Marco y Nicole anunciaran su compromiso, la mamá de Marco les regaló un libro para parejas prometidas titulado *Ten Great Dates* (Diez fechas especiales). Contiene lecciones para orar y prepararse para el matrimonio. Para ese tiempo, nosotros y los padres de Marco proyectamos pasar una semana juntos en Rocky Pointe, México. Marco y Nicole invertían sus días leyendo el libro y orando mientras que Hal y yo, Pete y Lona nos conocíamos unos a otros. Todos los días compartimos historias familiares de la niñez de Marco y Nicole y oramos por su matrimonio y su futuro.

El día de la boda de Marco y Nicole, las familias se reunieron en una capilla de Carmel, California, para celebrar una ceremonia matrimonial de velas. En cierto momento de la ceremonia, el pastor apagó el micrófono y Hal y yo, Pete y Lona salimos a la plataforma y oramos por la pareja. Hal y yo bendijimos a Marco y le dimos la bienvenida a nuestra familia. Pete y Lona bendijeron a Nicole y la recibieron en su familia. Todos pedimos que la presencia de Dios estuviera en nuestra nueva relación familiar y todos los asistentes sintieron el agrado del Señor.

Marco y Nicole iniciaron su relación acostumbrados a orar juntos. Preguntaron al Señor si debían casarse, cuándo, dónde —todos los detalles se cubrieron en oración—. Desarrollaron incluso un protocolo de cómo iban a escuchar al Señor y uno al otro cuando tomaran una decisión, considerando todos los puntos positivos y negativos y orando por cada uno de ellos. Es una costumbre que han incorporado en su matrimonio y su vida familiar después de haber tenido hijos.

Bebés, fiestas y dedicaciones

Una de las cosas más emocionantes que ocurre en cualquier familia es el nacimiento de un hijo. Es un tiempo maravilloso para la familia de orar por el bebé, los nuevos padres y el embarazo.

Mi querida amiga Joy y su marido Paul se enteraron hace poco de que su hijo mayor y su esposa esperaban su primer hijo. ¡Qué tiempo de regocijo fue!, me contó Joy:

Además de la alegría que sentí al saber que iba a tener un nieto, la cosa más emocionante fue lo que sucedió la mañana después del anuncio, cuando Derek y Jenna se estaban preparando para volver a casa, a unas tres horas de distancia. Antes de partir, Derek dijo: «Bueno, mamá y papá, nos gustaría que oraran por nosotros antes de irnos».

¿No enciende está petición el corazón de una madre: que tu hijo adulto te pida orar por ellos en una ocasión tan especial?

Derek y Jenna se sentaron en el sofá mientras Paul y yo nos colocamos detrás de ellos, les impusimos las manos e imploramos la bendición, la cobertura, la unción, la protección y la provisión de Dios sobre ellos y el precioso nieto que pronto llegaría. Derek creció sintiendo la seguridad, el consuelo y la afirmación que brotaban de las oraciones de sus padres. Y estaba deseoso de transmitir la misma bendición a su hijo.

Las fiestas de recién nacidos, las dedicaciones y los bautizos ofrecen más oportunidades para las familias de orar por los recién nacidos y bendecirlos. Los invitados pueden traer una bendición escrita para orar sobre la madre expectante (o nueva) y su bebé. Esas bendiciones se pueden guardar en un álbum decorativo y regalar a los padres como recuerdo. A algunas familias les gusta grabar las oraciones verbales y las bendiciones para disfrutarlas después por los padres y transmitirlas a sus hijos años más tarde.

Cada estación de la vida encierra sus desafíos —tiempos de celebración y de gozo, y tiempos de prueba o incluso de tristeza—. En cada fase, la oración conjunta ofrece un aspecto distino. La dinámica familiar cambiará. Muchas cosas cambiarán.

Pero la oración nos puede ayudar a transitar por los paisajes frecuentemente inciertos de la vida, y a buscar la dirección, la sabiduría y la presencia de Dios a lo largo del camino. Es maravilloso mirar hacia atrás y ver lo que Dios ha hecho —especialmente cuando le invitamos a estar con nuestra familia y permitimos que su Espíritu cambie la atmósfera de nuestro hogar.

CAPÍTULO 12

Dedique el nuevo año al Señor

Un nuevo comienzo

El principio de un nuevo año es un buen momento para desacelerar, descansar y poner nuestra mira en el Señor. El realinear nuestras prioridades con el corazón de Dios y apartar tiempo para escuchar su voz son actividades importantes que se suelen aparcar en nuestras vidas atareadas. Por eso es bueno apartar un tiempo como familia para examinar, reflexionar y dedicar el año al Señor.

A nosotros nos gusta hacer esto al principio del nuevo año de calendario. No obstante, no es necesario esperar hasta el mes de enero para «comenzar un nuevo año». Se puede hacer en cualquier momento, como al principio de un año escolar, cuando uno se traslada a una nueva casa o empieza un nuevo trabajo, cuando se es recién casado o simplemente cuando se precisa un nuevo comienzo. Puede haber muchas cosas en su vida que marcan una nueva etapa.

Nuestra familia observa una tradición el día de Año Nuevo: tomar la Santa Cena, dedicar el año al Señor y tener un tiempo de oración por el año entrante. Nos consagramos con toda la familia al servicio del Señor. Compartimos lo que oímos que

Dios nos dice para el nuevo año. Repasamos lo que hicimos el año anterior, y a veces nos marcamos objetivos que sentimos que Él nos ha puesto en el corazón. Pedimos protección y favor por el año que comienza. Pronunciamos palabras de bendición y estímulo los unos a los otros. Cada vez es un poco diferente, y lo hacemos dondequiera que nos encontremos —en un hotel de Flagstaff en la nieve, con amigos y familia, y algunas veces solos. Esta es una tradición de Año Nuevo que por nada me la quiero perder.

Usted también puede invitar a Dios a su casa con su familia, y tener un «nuevo comienzo» de año —y años— siguientes. Conozco a muchas otras familias que han hallado formas creativas de hacer esto.

Kim y su marido Josh, pasan cada Año Nuevo con sus amigos Joe y Shannon. Oran unos por otros y escriben (o graban en sus teléfonos) lo que sienten que Dios les dice. Después lo revisan al año siguiente y ven cómo se desarrollaron las cosas. Usan también esas palabras durante el año para alentarse. Han visto resultados increíbles a partir de los tiempos de oración de Año Nuevo.

Un año, mientras las dos familias oraban, Josh y Kim sintieron que Dios quería satisfacer el deseo de sus amigos de tener un niño. Joe y Shannon habían orado por un bebé por muchos años y padecido el dolor de la infertilidad. No habían considerado seriamente la adopción, pero al año siguiente, cuando se les ofreció la oportunidad de adoptar a un niño recién nacido, rebosaron de gozo. Ellos sabían en lo profundo que este era el plan de Dios para su familia.

DEDIQUE EL NUEVO AÑO AL SEÑOR

La víspera de Año Nuevo, el hijo recién adoptado, Seth, se encontraba con ellos en la celebración anual. ¡Con cuánta alegría compartieron las familias la nueva vida y la respuesta a su oración!

Oración en la cima del monte

Cada día de Año Nuevo, al amanecer, nuestra familia se une a cientos de personas para participar en la tradición de hacer una caminata y ascender a cimas de montañas en nuestro estado para orar por nuestras comunidades.

Un año, nuestra familia se reunió con un grupo en North Mountain y centramos las oraciones en desenmascarar el tráfico de drogas en nuestra ciudad. Un miembro del grupo declaró que sentía que Dios iba a responder prontamente a nuestras oraciones como señal de que se complacía con nuestros corazones quebrantados por la triste condición de nuestras comunidades. En 24 horas, las noticias vespertinas informaron que se había realizado la mayor redada anti-drogas en la historia de Phoenix.

La oración y la planificación de una escapada

A veces, cuando se aproxima el año nuevo, nuestros amigos Doug y Debbie Remy planean una escapada de fin de semana a un hotel de la ciudad para orar y establecer metas para el nuevo año. Hablan de la situación personal de cada uno de sus hijos y escriben cosas para orar por ellos. También revisan las metas que hicieron el último año.

Me encanta cómo Doug y Debbie oran específicamente por cada uno de sus hijos.

«En el retiro de Año Nuevo», dice Debbie, «buscamos Escrituras que queremos orar por cada hijo, y cosas específicas que queremos que el Señor haga por él o por ella. Compilamos una lista de promesas de las Escrituras para cada hijo. Las guardamos en carpetas de archivo y añadimos cosas cada año. Esto se convierte en nuestra guía personalizada de oración por nuestra familia a lo largo de todo el año».

De vuelta al colegio

El comienzo del nuevo año escolar es otra ocasión en la que las familias sienten la necesidad y el deseo de un nuevo comienzo. Conocemos a una familia que, cuando sus cinco hijos eran pequeños, iban de camping todos los veranos (¡lo hicieron durante diez años consecutivos!) con varias familias. Esta es una gran idea para toda familia con niños en edades escolares, no importa que asistan a una escuela tradicional, subvencionada o en el hogar.

Mientras los hijos jugaban, los padres se tomaban el tiempo para planear y orar por el nuevo año escolar de sus hijos. Consideraban:

- ▶ Qué retos concretos en la vida de sus hijos requerían oración.
- ▶ En qué objetivos escolares debían centrarse.

▸ Qué rasgos de carácter necesitaban ser refinados o cultivados.

▸ En qué deportes y actividades debían los niños participar durante el nuevo año.

Puesto que todas las familias enseñaban en casa, un beneficio adicional del viaje anual de camping era el tiempo que pasaban escogiendo recursos curriculares para el nuevo año escolar. A menudo, la elección de recursos y actividades se hacía mientras respondían en oración a las preguntas antes mencionadas a la luz de lo que Dios les estaba mostrando acerca de las necesidades de cada uno de sus hijos. Con planes y guías de estudio desparramadas por la playa, los padres oraban y planeaban los estudios a cubrir en la escuela en casa y las metas de la familia para el nuevo año.

Ya se enfoque usted en los temas de estudio, deportes y actividades, amigos, rasgos de carácter, o en otros asuntos, tomarse tiempo para orar por sus hijos antes del comienzo del año escolar puede ayudarles a emprender el nuevo comienzo que necesitan y asegurar su éxito.

El ayuno familiar

¿Le está llamando Dios (a usted y a su familia) a ayunar y buscarle al comienzo de Año Nuevo o de una temporada? Lo mismo que la familia de Teresa descubrió en el capítulo 3 y la familia de mi amigo Brian experimentó en el capítulo 7,

LA FAMILIA REBOSANTE DE ORACION

combinar el ayuno y la oración puede añadir poder a su oración y lograr resultados significativos. El ayuno de comida, o de actividades como las redes sociales, o la televisión, nos puede ayudar voluntariamente a apartarnos para Dios por un día o cierto espacio de tiempo. Hacemos esto para poner nuestra mira en el Señor y ayudarnos a oír su voz estando concentrados.

A mi amigo Dave Butts le gusta convocar un ayuno de oración tipo STP (STP es un aditivo para potenciar el rendimiento del motor de su vehículo.) ¿A quién no le gustaría recibir un impulso adicional para conseguir un nivel más profundo de comunicación con el Padre?

Si usted necesita avanzar con su familia o simplemente acercarse al Señor, entonces considere preguntarle qué le pediría Él que sacrifique para dedicar tiempo a leer la Palabra de Dios, orar y escuchar su dirección para el año que se avecina.

Aunque no sea aconsejable que los niños ayunen comidas enteras, pueden ayunar, digamos, el postre, o algún tipo de comida innecesaria. Conozco a un niño que ayunó la Coca-Cola cuando él y su familia se sumaron en su iglesia a un ayuno especial.

La iglesia primitiva reconoció que el ayuno libera poder espiritual. Nuestras familias también pueden experimentar ese poder. El ayuno y la oración es una forma de saturar nuestra casa de un sentido más profundo de la presencia del Espíritu Santo. Es un excelente recurso para producir el fruto del Espíritu Santo —amor, gozo, paz, paciencia, benignidad, bondad, fe, mansedumbre y templanza (véase Gálatas 5:22-23), precisamente las actitudes que crean la atmósfera celestial que queremos reproducir en nuestro hogar.

DEDIQUE EL NUEVO AÑO AL SEÑOR

En cualquier tiempo del año, en cualquier fase de la vida en que se encuentre, nunca habrá mejor ocasión que ahora para invitar la presencia y el poder de Dios en su familia.

Oración para dedicar el año al Señor

Señor, te invitamos y damos la bienvenida a tu poderosa presencia, la atmósfera misma del cielo, en nuestras vidas y familia este año. ¡Gracias por hacer todas las cosas nuevas! Llena la atmósfera de nuestro hogar con tu Espíritu vivificador —tu paz, tu gozo y tu justicia.

Declaramos que en este año nuestra familia se va a caracterizar por una actitud de vida victoriosa —viva con la voz, la presencia y las promesas de Dios.

Nos comprometemos contigo como familia a extender diariamente tu compasión, tu perdón y tu paciencia los unos a los otros. Declaramos que en nuestro hogar todos se van a sentir valorados, conectados y apoyados porque tú vives en nosotros.

Pedimos tu protección sobre cada miembro de nuestra familia: Guárdanos de todo plan del maligno; sé nuestro escudo y nuestra fortaleza. Te pedimos que abras puertas de oportunidad para nosotros que nadie pueda cerrar, y que cierres puertas que no sean lo mejor y lo máximo que tienes para nosotros (véase Isaías 22:22).

Declaramos que la atmósfera de nuestra casa está llena de fe y de expectativa, que como unidad familiar abrazamos la actitud de que puedes hacer lo que quieras, que ningún problema es demasiado grande para Ti. Gracias por Tu promesa de que harás muchísimo más de lo que podamos pedir, esperar o pensar (véase Efesios 3:20).

LA FAMILIA REBOSANTE DE ORACION

Escogemos ser una familia que te busca y te honra... que comparte tu amor y tu presencia dondequiera que vayamos. Declaramos esto porque, gracias a tus promesas, viviremos con esperanza en el futuro.

Porque yo sé muy bien los planes que tengo para vosotros —afirma el Señor—, planes de bienestar y no de calamidad, a fin de daros un futuro y una esperanza.

Jeremías, 29:11, NVI

TERCERA PARTE

INICIO DE UNA VIDA DE ORACIÓN FAMILIAR
Guía de oración familiar de 31 días

Conversando con familias de todas las edades y en distintas etapas de la vida, muchas me han confiado sus grandes retos de oración, así como el aspecto que ofrece un altar de oración familiar dinámico, involucrando a todos los que forman la familia y manteniéndolas interesadas y comprometidas. Teniendo esto en mente, esta guía de oración proporciona 31 ideas creativas para ayudarle a cultivar una vida de oración familiar pujante.

Puede usar esta guía 31 días consecutivos, o la puede usar como una lista de ideas a entresacar de forma intermitente. A medida que lo hace puede esperar que el clima espiritual de su casa cambie.

Juntos podemos causar una diferencia eterna en las vidas de nuestras familias y en las generaciones futuras, así como en los vecinos, amigos y colaboradores. Podemos incluso provocar un impacto en el mundo que nos rodea en tanto oramos por injusticias, cuestiones sociales y necesidades de los pobres. ¡Las posibilidades son ilimitadas cuando las familias oran!

DÍA 1

Dedique su hogar al Señor

Ahora estarán abiertos mis ojos y atentos mis oídos a la oración en este lugar; porque ahora he elegido y santificado esta casa, para que esté en ella mi nombre para siempre; y mis ojos y mi corazón estarán ahí para siempre.

2 Crónicas 7:15–16

El hábito de dedicar casas al Señor ha sido una práctica común desde los tiempos del Antiguo Testamento. No solo se dedica la casa —las paredes, las puertas, las habitaciones, los objetos— a Dios y sus propósitos, también se dedican todas las actividades que en ella se llevan a cabo. Josué dijo delante del pueblo de Israel: «Por mi parte, mi familia y yo serviremos al SEÑOR» (Josué 24:15, NVI). Nosotros podemos hacer la misma declaración.

Instrucciones: Usando el modelo de oración que se facilita más abajo, o con sus propias palabras, comience en una habitación haciendo una oración general de dedicación de su casa. Después pase por cada rincón de la casa y declare una bendición especial sobre cada habitación, usando aceite para ungir, si lo desea. Cada hijo puede escoger una Escritura especial para orar por su habitación y ungir el marco de la puerta con aceite. Puede escoger versículos concretos para orar en ciertas habitaciones,

INICIO DE UNA VIDA DE ORACIÓN FAMILIAR

teniendo en cuenta las actividades que normalmente se van a desarrollar en ellas.

Señor, te dedicamos esta casa para tus propósitos. Dedicamos todas sus habitaciones, la propiedad entera, así como todas las personas y actividades que en ellas desarrollen. Invitamos tu poder y santa presencia en cada rincón y cada vida que reside en ella. Te pedimos que todo lo que hay en esta casa te honre. «Por mi parte, mi familia y yo serviremos al SEÑOR». *(Véase Josué 24:15).*

DÍA 2

Su diario de oración

El SEÑOR ha hecho grandes cosas por nosotros, y eso nos llena de alegría.

Salmo 126:3, NVI

Una de las mejores maneras de crear un patrimonio espiritual como familia es grabar sus oraciones y las respuestas de Dios a las mismas. Dios instó a los israelitas a que recordaran las cosas que Él había hecho por ellos, y que las compartieran con sus hijos (véase Deuteronomio 6:7). Un diario de oración puede ayudar a su familia a mirar atrás para ver cómo Él ha respondido a sus oraciones.

Instrucciones: En el cuaderno o diario elegido (o en su computadora) divida las páginas en columnas. Escriba en la parte superior de cada página: Fecha, Petición y Respuesta. En la columna de la fecha, escriba la fecha en la que data su necesidad. En la columna de peticiones, exponga lo que pide al Señor. En la columna de respuestas, cuando es respondida su petición, escriba la fecha y lo que Dios hizo por usted. Tómense después tiempo para orar juntamente por cada petición de oración.

Señor, te pedimos que nos ayudes a hacer de la oración como familia una tradición permanente —que nuestros hijos puedan transmitirla a sus hijos y a los hijos de sus hijos. Deseamos que, en nuestra familia, nuestra primera reacción sea la oración, y no el último recurso. Con este diario de oración, comenzamos una nueva aventura contigo, pues nos volvemos a ti con todas nuestras necesidades y te alabamos diariamente por tus respuestas.

DÍA 3

Orando por el destino de cada persona

«Porque yo sé los pensamientos que tengo acerca de vosotros, dice Jehová, pensamientos de paz, y no de mal, para daros el fin que esperáis».

Jeremías 29:11

En su libro *The Blessing* (La bendición), Gary Smalley y John Trent escriben: «Los niños encierran todo el potencial al que Dios les ha destinado».[1] ¿Conoce usted el designio singular de Dios para cada miembro de su familia?

Instrucciones: Haga estas preguntas a cada miembro de la familia :

INICIO DE UNA VIDA DE ORACIÓN FAMILIAR

1. ¿En qué cosas sueñas o sueñas despierto más a menudo?
2. Cuando piensas en la edad adulta (para niños/adolescentes), ¿qué crees que te gustaría hacer?
3. ¿A qué personaje de la Biblia te gustaría parecerte más? ¿Por qué?
4. ¿Qué cosa crees que Dios quiere que hagas por el mundo?

Pida que cada miembro de la familia cumpla el designio y el destino especial de Dios para su vida. Si recibe palabras especiales de ánimo, escríbalas en el diario y compártalas con la persona por la que está orando.

Señor, te damos gracias que has creado a _____ *como persona única, y con un propósito muy especial. Te pedimos que la prepares para el futuro que has planeado. Te rogamos que ella cumpla tu propósito divino y que cada día sea sensible a lo que le estás llamando a hacer, para que pueda ser usada para marcar una diferencia en este mundo.*

DÍA 4

Oraciones de la Escritura

Porque la palabra de Dios es viva y eficaz, y más cortante que toda espada de dos filos.

Hebreos 4:12

Dios nos ha dado las palabras de la Biblia para leerlas y orar con ellas. Cuanto más guía la Palabra de Dios nuestras oraciones, más seguros estaremos de que estamos orando para que se

163

cumpla la voluntad de Dios en nuestra vida. Puesto que la Palabra de Dios está llena de espíritu y de vida (véase Juan 6:63), el Espíritu Santo puede ayudarnos a identificar pasajes que tienen que ver con nuestra vida y circunstancias.

Instrucciones: Pida a los miembros de la familia que busquen una Escritura que les gustaría usar para articular una oración por ellos o por alguien de la familia. Después, tomen turnos para orar esas Escrituras. También puede examinar las peticiones de su diario de oración y hallar una promesa escritural para orar a Dios por cada uno. Concluya orando según el siguiente modelo de oración.

Señor, gracias por tu Palabra viva y activa, más cortante que una espada de doble filo. Nos deleitamos al declarar y orar tu Palabra, porque está llena de promesas. Al orar tu Palabra tenemos confianza de que nos oyes, porque estamos de acuerdo con tu perfecta voluntad. Gracias por darnos este instrumento poderoso para ayudarnos a orar victoriosamente en nuestra vida y hogar. Porque tú nos has prometido: «Yo apresuro mi palabra para ponerla por obra» (Jeremías 1:12).

DÍA 5

Alabando a Dios

Venid, aclamemos alegremente a Jehová; Cantemos con júbilo a la roca de nuestra salvación. Lleguemos ante su presencia con alabanza; Aclamémosle con cánticos.

Salmos 95:1–2

INICIO DE UNA VIDA DE ORACIÓN FAMILIAR

Dios es digno de nuestra honra y alabanza, si bien muchos tenemos que recurrir a la majestad de su creación para recordar su gloria. Ya sea un atardecer de algodón de azúcar, una imponente cima coronada de nieve o un jardín tropical frondoso, la belleza de la naturaleza puede servir como recordatorio de que nuestro Dios creativo, soberano, merece nuestra alabanza.

Instrucciones: Lleve a su familia a un lugar que les recuerde la majestad creativa de Dios. Se pueden sentar frente a un paisaje, o dar un paseo por el bosque. Compartan por turnos palabras que describen la majestad o los atributos divinos que les vengan a la memoria admirando su creación en derredor. Ponga música de adoración si lo desea, y siéntense en silencio mientras contemplan la belleza y meditan en la bondad y la grandeza de Dios.

Padre celestial, tú eres digno de nuestra alabanza. Tú hiciste esta hermosa tierra, las montañas, los mares y la increíble variedad de animales y plantas. Los vivos colores que nos rodean son diseño tuyo. Te alabamos, porque eres nuestro Proveedor, Defensor y Redentor. Te damos gracias y alabanza de todo corazón por amarnos y darnos el regalo de tu creación, que nos recuerda tu supremo poder y dignidad. Alabamos tu nombre glorioso.

DÍA 6

Tómense tiempo para escuchar a Dios

«Clama a mí, y yo te responderé, y te enseñaré cosas grandes y ocultas que tú no conoces».

Jeremías 33:3

LA FAMILIA REBOSANTE DE ORACION

Se nos puede dar bien *clamar e invocar* a Dios, pero se requieren tiempos deliberados de silencio y quietud para practicar la *escucha* a Dios. Si nos tomamos tiempo para escuchar, Dios nos habla de manera profunda.

Instrucciones: Con niños pequeños, escoja un espacio de tiempo más breve, como entre dos y cinco minutos. Si tiene niños mayores, rete a su familia a guardar silencio entre diez y quince minutos. Siga los siguientes pasos:

1. Mantengan silencio y quietud. Después, hagan las siguientes oraciones.
2. Arrepiéntanse de pecados no confesados para ser sensibles a la voz de Dios.
3. Escriban pensamientos o hagan dibujos de lo que les venga a la mente.
4. Comuniquen a los otros lo que han oído o sentido. ¿Concuerda con la Escritura, y con el carácter de Dios?

Si no reciben algo concreto, está bien. Se trata simplemente del hermoso hábito de guardar quietud y disponer los corazones para escuchar la voz de Dios.

Padre, venimos a escuchar tu voz. Quita todos los pensamientos que nos distraigan y sentimientos de inquietud de nuestros cuerpos. Gracias por tu promesa de responder cuando te invocamos. Danos sabiduría y dirección y háblanos de tal manera que sepamos que viene de ti.

Y después del tiempo de escucha:

Gracias, Dios, por permitirnos conocerte de una manera más íntima. Ayúdanos a continuar oyendo tu voz durante este día.

INICIO DE UNA VIDA DE ORACIÓN FAMILIAR

DÍA 7

Dones espirituales

A cada uno le es dada la manifestación del Espíritu para provecho. . . Pero todas estas cosas las hace uno y el mismo Espíritu, repartiendo a cada uno en particular como él quiere.

1 Corintios 12:7, 11

Dios ha equipado a sus seguidores con distintos dones espirituales. Estos dones ayudan a los creyentes a alentarse unos a otros, a edificar la Iglesia y hacer avanzar el Reino de Dios (véase la lista en 1 Corintios 12, Romanos 12 y Efesios 4).

Algunos dones espirituales están más orientados al ministerio, como la evangelización o la enseñanza. Otros dones son de naturaleza más sobrenatural, como la profecía, el discernimiento y la sanidad. Por último, hay dones motivacionales, como el liderazgo, la exhortación y la administración

Instrucciones: Como familia, pida a Dios que revele el don espiritual de cada persona. ¿Cuál es más natural para cada miembro de su familia? ¿Hay entre ellos alguno que sea excepcionalmente bueno y apasionado por lo que respecta a la organización y la administración? ¿Le gusta a alguien de manera natural explicar las cosas del Señor a otras personas? ¿Le gusta a alguien sentarse en silencio y escuchar la voz de Dios para poder compartir su palabra con otros?

Pida a Dios que muestre a cada uno de ustedes la singularidad con que fue creado, los dones que recibió para animar y edificar a la Iglesia y a los que están cercanos.

Gracias, Señor, por el designio único que tienes para cada uno de nosotros, por los dones espirituales que nos concedes por tu Espíritu Santo para animarnos unos a otros y edificar tu Iglesia. Ayúdanos a ver y conocer nuestros dones y a usarlos sabiamente para extender tu Reino.

DÍA 8

Su marca familiar

De más estima es el buen nombre que las muchas riquezas,
Y la buena fama más que la plata y el oro.

Proverbios 22:1

¿Qué tienen en común Google, Apple, Facebook, Disney, Nike, McDonalds, BMV, Coca-Cola, Lego, Coach, Harley Davidson y *su familia*? La *marca*. En efecto, la marca. . . . Si se busca el término «marca» en Google, se encuentran definiciones como:

- ▸ Lo que uno representa
- ▸ La representación, identidad o imagen de su organización
- ▸ Lo que le distingue de otros
- ▸ Cómo es percibido de forma singular por otros

Una «marca» es una combinación de cualidades y valores que representan su identidad única y proposición de valor.[2]

INICIO DE UNA VIDA DE ORACIÓN FAMILIAR

Cuando la gente piensa en su familia (la suya) ¿en qué piensa? **Instrucciones**: Comente qué le gustaría que sus amigos y vecinos dijeran de usted. ¿Cómo cree que ve Dios a su familia? Escriba las frases y las cualidades de carácter que le vengan a la memoria y comenten cómo podrían conseguir que formen parte de su estilo de vida. Después creen una «marca de identidad» usando las cualidades de carácter comentadas en la lluvia de ideas. Que cada persona escoja una cualidad por la que orar.

Señor, sabemos que no solo tenemos destinos individuales, sino también un destino y un llamado como familia. Queremos que cuando otros nos vean digan que «esta es una familia que conoce a Dios —en la que se puede confiar, dispuesta a ayudar a otros, que _____ (llene el espacio en blanco). Ayúdanos a vivir de tal manera que la gente vea que hay algo extraordinario en nuestra familia, y que nuestra singularidad proviene de ti.

DÍA 9

Limpiando su casa

«Salid de en medio de ellos, y apartaos, dice el Señor, y no toquéis lo inmundo; y yo os recibiré».

2 Corintios 6:17

Sino, como aquel que os llamó es santo, sed también vosotros santos en toda vuestra manera de vivir; porque escrito está: «Sed santos, porque yo soy santo».

1 Pedro 1:15–16

¿Hay algunas pertenencias en su casa que entristecen al Espíritu Santo, o que puedan suponer una invitación abierta a las fuerzas del mal? Piense en libros, películas, música, iPods, teléfonos o computadoras. ¿Qué decir de objetos, imágenes o coleccionables? ¿Juegos o videojuegos?

Instrucciones: Revise su casa, tómese tiempo para observar las cosas que hay en ella. Imagínese que el Señor está con usted y pídale que le muestre todo lo que le deshonra. Este puede ser un tema sensible. Deje que el Espíritu Santo les guíe a usted y a los suyos en tanto se ponen de acuerdo. Los niños mayores y los adolescentes especialmente, deben ser motivados a buscar al Señor por lo que respecta a sus posesiones, incluidos sus teléfonos y computadoras.

Señor, muéstranos todo lo que haya en nuestra casa que te desagrada, te deshonra o nos aleja de ti o abre la puerta al maligno. Nos arrepentimos, Señor, de cualquier objeto, actividad o expresión que hemos permitido en nuestro hogar que sea profano a tus ojos. Los retiramos y cerramos la puerta al maligno y a toda influencia que pueda haber tenido aquí por causa de ello. Esta casa está dedicada a ti, Señor. Damos la bienvenida a tu santa presencia en este lugar, en el nombre de Jesús.

DÍA 10

Tomando la Santa Cena en familia

El Señor Jesús, la noche que fue entregado, tomó pan; y habiendo dado gracias, lo partió, y dijo: «Tomad,

INICIO DE UNA VIDA DE ORACIÓN FAMILIAR

comed; esto es mi cuerpo que por vosotros es partido; haced esto en memoria de mí». Asimismo tomó también la copa, después de haber cenado, diciendo: «Esta copa es el nuevo pacto en mi sangre; haced esto todas las veces que la bebiereis, en memoria de mí».

1 Corintios 11:23–25

La Santa Cena es una ocasión para recordar lo que Jesús hizo por nosotros en la cruz. El pan representa el cuerpo de Cristo, quebrantado para que nosotros pudiéramos recuperar la plenitud. El vino representa su sangre derramada para el perdón de nuestros pecados para que pudiéramos ser lavados.

Instrucciones: Individualmente o como familia, comience pidiendo a Dios que perdone todo pecado aún no confesado. Incluya una oración de este tipo: *Querido Padre celestial, pedimos perdón las cosas que hemos hecho y dicho que te desagradan. Te pedimos ahora y recibimos tu perdón para poder andar en tus caminos para tu gloria.*

Lea en voz audible 1 Corintios 11:23–25. Después, mientras todos participan del pan, repita: «Esto es el cuerpo de Cristo que por ti es partido», y mientras beben el vino o mosto: «Esta es la sangre de Cristo por ti derramada».

Señor Jesús, es un privilegio para nuestra familia entrar en tu presencia y recibir la comunión en recuerdo de tu sacrificio. Gracias por morir en la cruz y pagar el precio por nuestros pecados, para que podamos ser perdonados y recibir tu vida abundante.

DÍA 11

¿Cuál es su caso?

No las encubriremos a sus hijos, contando a la generación venidera las alabanzas de Jehová, y su potencia, y las maravillas que hizo. Para que lo sepa la generación venidera, y los hijos que nacerán; y los que se levantarán lo cuenten a sus hijos, a fin de que pongan en Dios su confianza, y no se olviden de las obras de Dios; que guarden sus mandamientos.

Salmos 78:4, 6–7

El compartir relatos de milagros y respuestas a la oración crea una atmósfera de fe, estímulo y esperanza. Estos relatos también nos ayudan a enfocarnos en la bondad y la grandeza de Dios, a plantar semillas de esperanza y expectativa que lleven fruto en los años venideros —aun para los niños que las oigan—. Esto forma parte del plan de Dios para pasar la antorcha de la fe de una generación a otra.

Instrucciones: Mamá o papá cuenta la historia de un milagro o respuesta a la oración. Los niños hacen preguntas y comentarios, y después comparten el milagro o respuesta a la oración más grande que hayan experimentado.

Señor, gracias porque tú eres un Dios que responde a la oración y sigues hoy haciendo milagros. Nuestros corazones se llenan de fe al recordar las cosas poderosas que has hecho por nosotros. Ahora te pedimos que nos des muchas más historias maravillosas para contar. Y también, te pedimos que des a nuestros hijos muchas historias asombrosas que ellos puedan transmitir a sus hijos y a los hijos de sus hijos.

DÍA 12

Imposición de manos en oración

Al ponerse el sol, todos los que tenían enfermos de diversas enfermedades los traían a él; y él, poniendo las manos sobre cada uno de ellos, los sanaba.

Lucas 4:40

Como hizo Jesús, podemos imponer las manos sobre alguien cuando oramos por sus necesidades físicas, emocionales o espirituales. Esto puede incluir la oración por sanidad (Mateo 8:3), comisión para el ministerio (véase Hechos 13:2-3), transmitir una obra nueva del Espíritu (véase Hechos 8:7) o liberar un don espiritual (véase 2 Timoteo 1:6). La imposición de manos sobre alguien es una oportunidad para impartir el poder del Espíritu Santo y de ofrecer el amor y el toque de Jesús.

Instrucciones: Es una buena idea pedir permiso antes de imponer las manos sobre alguien, especialmente si él o ella no es miembro de su familia. Un toque ligero en la cabeza, hombro o brazo es adecuado. Como muestra de amor, rodeen a esa persona e impónganle gentilmente las manos sobre su frente u hombro, pidiendo a Dios por turnos que cubra su necesidad.

Señor, levantamos a _____ delante ti, creyendo que algo maravilloso ocurre cuando imponemos manos sobre otros y les impartimos parte de tu vida y de tu poder, en el nombre de Jesús.

Oramos por _____ y te pedimos que lo sanes, consueles, animes, fortalezcas, capacites por tu Espíritu Santo. Te pedimos que cubras todas sus necesidades y quites todo obstáculo que se interponga en su camino, para que pueda llevar a cabo tu plan perfecto en su vida. Te lo pedimos en el nombre de Jesús.

DÍA 13

Declarar bendiciones

Entonces le fueron presentados unos niños, para que pusiese las manos sobre ellos, y orase... Y habiendo puesto sobre ellos las manos, se fue de allí.

Mateo 19:13, 15

El declarar u orar bendiciones es recurrente en las Escrituras. Una bendición es una oración de afirmación, estímulo, favor y esperanza para el futuro. Aunque esto se puede hacer cuando su hijo o cónyuge no está en su presencia, es especialmente significativo cuando le mira a los ojos y pone su brazo sobre él o ella, o le impone su mano sobre la cabeza u **hombro** mientras ora.

Cuando bendecimos a alguien, armonizamos con el carácter de Dios y «somos un canal a través del cual puede fluir el poder de Dios».[3]

Instrucciones: Una persona comienza orando, según el modelo de oración presentado más abajo, por un miembro de la familia. Mientras cada persona recibe la bendición, el resto de la familia puede rodearla e imponer manos sobre ella como señal de aprobación.

Padre celestial, bendecimos hoy a _____ *con el conocimiento de que ella (o él) es profundamente amada por ti y por nosotros. La bendecimos con favor, fortaleza, sabiduría, coraje y dirección. Sabemos que tú tienes un plan y un destino especial para* _____. *Gracias que la vas a capacitar para tener éxito en todos sus cometidos, futuros llamados y vocación, en el poderoso nombre de Jesucristo.*

DÍA 14

Acción de gracias

Por nada estéis afanosos, sino sean conocidas vuestras peticiones delante de Dios en toda oración y ruego, con acción de gracias. Y la paz de Dios, que sobrepasa todo entendimiento, guardará vuestros corazones y vuestros pensamientos en Cristo Jesús.

Filipenses 4:6–7

Somos llamados a dar gracias a Dios por todo lo que Él ha hecho por nosotros e invitarle a ser parte diaria de nuestra vida —aun en tiempos de aflicción o de sufrimiento—. De hecho, si hacemos esto, la Escritura anterior nos anuncia que la paz de Dios protegerá nuestra mente de temores y preocupaciones. ¡Esto hace que la acción de gracias sea un instrumento poderoso!

Instrucciones: Pase algún tiempo con su familia haciendo una lista de cosas por las cuales está agradecido. Las familias con niños pequeños pueden dejarles usar lápices de colores para colorear sus oraciones. Siéntense formando un círculo y

LA FAMILIA REBOSANTE DE ORACION

compartan guardando turno las cosas por las que cada uno está agradecido. Anótelas en su diario de oración. Luego tómense tiempo para orar como familia y dar gracias a Dios por las cosas que hay en la lista.

Querido Dios, gracias por ser amoroso, paciente y misericordioso. Gracias por tu fidelidad para con nosotros. Gracias por proveernos alimentos, un lugar caliente para dormir y un techo sobre nuestras cabezas. Tu Palabra asegura que proveerás para cubrir todas nuestras necesidades. Te estamos muy agradecidos por esta promesa. También te damos gracias por _____ (ore atendiendo a la lista de su familia).

DÍA 15

Huérfanos

La religión pura y sin mácula delante de Dios el Padre es esta: Visitar a los huérfanos y a las viudas en sus tribulaciones.

Santiago 1:27

George Mueller, misionero del siglo XIX, oró frecuentemente por los huérfanos. Un día, mientras caminaba por las calles de Londres, su corazón se conmovió por el número de huérfanos que deambulaban por las calles. Aunque no tenía edificio, ni dinero ni recursos, sintió que Dios le llamaba a abrir un orfanato. Poco después, cientos de niños encontraron hogar y abrigo detrás de las puertas que Dios le abrió. A lo largo de su vida

INICIO DE UNA VIDA DE ORACIÓN FAMILIAR

Mueller se hizo cargo de más de 10.000 huérfanos, abordando cada necesidad en oración, y ¡obteniendo resultados milagrosos! **Instrucciones**: Actualmente hay niños sin padres por causas muy distintas. Algunos se encuentran en centros de acogida, o en situaciones en las que son cuidados por otras personas que no son sus padres. ¿Cómo podemos ayudarles? Podemos empezar orando por ellos, para que experimenten el amor y la provisión de su Padre celestial. Pueden buscar en internet nombres de organizaciones locales o municipales que cuidan a los niños huérfanos o sin techo. Terminen orando por los huérfanos de su estado o provincia, tanto en las Américas como en todo el mundo.

Padre Dios, oramos por todos los niños huérfanos o abandonados en nuestro estado o provincia, nación, y en todo el mundo. Levanta familias y ministerios que ayuden a los que no tienen familia. Te pedimos por la provisión —también para las familias y organizaciones— necesaria para alimentar, vestir y educar a cada niño. Ponemos a cada huérfano bajo tu amor paternal; consuela y sana sus corazones de las heridas de rechazo y pérdida, y provéeles todo lo que necesiten.

DÍA 16

Orando por el vecindario

Satanás, quien es el dios de este mundo, ha cegado la mente de los que no creen. Son incapaces de ver la gloriosa luz de la Buena Noticia. No entienden este mensaje acerca de la gloria de Cristo, quien es la imagen exacta de Dios.

2 Corintios 4:4, NTV

Imagínese una comunidad en la que las familias cristianas hablan con Dios acerca de sus vecinos antes de hablar con sus vecinos acerca de Dios. Cubren y sostienen a los hogares de su entorno con su poder y su amor por medio de la oración, y piden al Espíritu Santo que abra la mente de sus amigos con el Evangelio.

Instrucciones: Esboce o imprima el mapa de su vecindario. Marque los números de las casas, añadiendo los nombres de los vecinos que conozca. Pida que los ojos de todos ellos sean abiertos a la existencia y el poder de Dios.

Dé «paseos de oración» y cuando pase delante de cada casa, pida al Espíritu Santo que le impresione con cualquier necesidad por la que orar. Use lo que reciba para avivar las oraciones de su familia por sus vecinos para que conozcan a Jesús y experimenten el amor, la presencia y la provisión de Dios en sus vidas.

Querido Dios, presentamos a nuestros vecinos delante de ti. Permítales sentir tu amor y tu presencia, y si no te conocen, dales fe para verte y buscarte. Te pedimos que los protejas del maligno. Da a nuestra familia la oportunidad de mostrarles tu amor y comunicarles las Buenas Nuevas. Te pedimos que respondan con fe para que lleguen a formar parte de tu familia y tu Reino.

INICIO DE UNA VIDA DE ORACIÓN FAMILIAR

DÍA 17

Toma de decisiones

Si alguno de vosotros tiene falta de sabiduría, pídala a Dios, el cual da a todos abundantemente y sin reproche, y le será dada.

Santiago 1:5

Algunas decisiones son fáciles de tomar, como resolver si uno va a comer tostadas o cereales. Otras parecen abrumadoras, como escoger a qué universidad asistir, o aceptar o no una oferta de empleo. No importa cuál sea la decisión, Dios está ahí para guiarle. Mientras ora por sabiduría, recuerde que la respuesta de Dios puede venir de distintas maneras: a través de su Palabra, la enseñanza de un padre, un sermón, una canción de adoración o un amigo. Un buen indicador de la toma de una decisión correcta es la paz. Si siente ansiedad o confusión, continúe orando.

Instrucciones: Pida a los miembros de su familia en qué necesitan la ayuda de Dios para tomar una decisión. Escriba las peticiones en su diario de oración. Después ore por cada persona para que oiga a Dios y reciba la dirección que él o ella necesita para tomar la mejor decisión. Asegúrese de anotar las respuestas para que sirvan de recordatorio de la fidelidad de Dios.

Querido Dios, gracias por tu promesa de que si alguno de noso-tros carece de sabiduría, podemos pedirte y tú nos la concederás gene-rosamente. Esto es lo que _____ necesita ahora mismo. Ayuda a _____ *a que escuche tu voz y espere fielmente tu respuesta. Ayúdale a confiar en ti y líbralo de ansiedad y preocupaciones. Inunda de paz el corazón de* _____ *al confirmar la puerta que tú le has abierto, para que sepa claramente que está andando en tu perfecta voluntad.*

DÍA 18

Pidan la protección de Dios

Los que viven al amparo del Altísimo encontrarán descanso a la sombra del Todopoderoso. [Cuyo poder ningún enemigo puede resistir]. Declaro lo siguiente acerca del Señor: Solo él es mi refugio, mi lugar seguro; [en él me apoyo y me sostengo] él es mi Dios y en él confío.

Salmo 91:1-2, NTV, *amplificación añadida*

El Salmo 91 está dedicado a suplicar la protección de Dios. En él, el salmista nos alienta diciendo: «Él te librará. . . Con sus plumas te cubrirá, y debajo de sus alas estarás seguro» (Salmo 91:3–4).

Nada puede separarnos del amor de Dios (véase Romanos 8:38-39). ¡Estamos más seguros bajo su cuidado que en la fortaleza más inexpugnable del mundo!

Instrucciones: Comenten las distintas maneras en que Dios ha protegido a cada uno (o a toda su familia). ¿Le ha sanado de alguna enfermedad o lesión? ¿Ha frustrado Él una oportunidad y al final usted descubrió que realmente le estuvo protegiendo

INICIO DE UNA VIDA DE ORACIÓN FAMILIAR

de una circunstancia perniciosa? No olvide las maneras en que Él también le ha protegido espiritualmente.

Querido Dios, gracias por ser nuestro protector. Tú eres nuestra roca, nuestro escudo, nuestra fortaleza y nuestra fuerza. A través de tu Hijo Jesucristo, nos has librado de las garras del maligno y amparado bajo tu santa protección y tu brazo. Gracias porque podemos habitar seguros debajo de las alas del Todopoderoso, cuyo poder ningún enemigo puede resistir.

DÍA 19

Pídanse perdón

Si confesamos nuestros pecados, él es fiel y justo para perdonar nuestros pecados, y limpiarnos de toda maldad.

1 Juan 1:9

Todo el mundo se pelea con un miembro de la familia de vez en cuando. No obstante, a veces los desacuerdos se convierten en rencores duraderos que amenazan con destruir la paz y el bienestar de la familia, e incluso quebrar vínculos de amor y compromiso. No importa cómo comenzó el problema, es importante que los miembros de la familia se perdonen unos a otros lo antes posible. Cuando perdonamos, abrimos la puerta para ser perdonados.

Instrucciones: ¿Hay algún asunto pendiente entre usted y otro miembro de su familia? Considere sus palabras,

LA FAMILIA REBOSANTE DE ORACION

pensamientos y actos (o falta de acción). Si este es el caso, puede usar el modelo de oración de perdón comentado en el capítulo 7.

Con su permiso, coloque su mano en el corazón, espalda u hombro de la persona por la que ora. Haga esta oración o una oración suya:

Padre, confieso que he ofendido a _____ con mis palabras y hechos (sea todo lo específico que pueda). Lo siento verdaderamente. Te doy gracias porque _____ me ha perdonado. Te pido que tú también me perdones. Ahora te pido que sanes la herida que le he causado a _____. Restaura nuestro amor y unidad y acércanos otra vez. Te doy gracias y te alabo por tu misericordia, perdón y limpieza, que sana, restaura y hace todas las cosas nuevas.

DÍA 20

Orando para que los amigos conozcan a Jesús

Por lo cual también nosotros, desde el día que lo oímos, no cesamos de orar por vosotros, y de pedir que seáis llenos del conocimiento de su voluntad en toda sabiduría e inteligencia espiritual, para que andéis como es digno del Señor, agradándole en todo, llevando fruto en toda buena obra, y creciendo en el conocimiento de Dios.

Colosenses 1:9–10

Dios «quiere que todos los hombres sean salvos y vengan al conocimiento de la verdad» (1 Timoteo 2:4). Las oraciones del

INICIO DE UNA VIDA DE ORACIÓN FAMILIAR

pueblo de Dios le preparan el camino para actuar en la vida de otros. Su familia puede colaborar con Dios en acercar a sus amigos y seres queridos al conocimiento de su salvación.

Instrucciones: Como familia, pidan al Señor que les indique por qué personas orar para que vengan a su conocimiento. Haga una lista de las «diez personas más queridas de su familia» (de amigos, para que conozcan a Jesús) en una página especial de su diario de oración.

Señor, levantamos a _____ y te pedimos que abras su pensamiento a ti. Muéstrales que estás vivo, eres real, y les amas y te preocupas de ellos. Habla con ellos —a través de sus amigos, la creación, las circunstancias y una voz apacible en su corazón. Cuando se encuentren en problemas, ayúdales a acudir a ti y no a huir de tu presencia. Dales fe para creer en ti y hacerte Señor de sus vidas.

DÍA 21

Orando por los amigos que sufren

El sana a los quebrantados de corazón, y venda sus heridas.

Salmos 147:3

Uno de los peores sentimientos que hay en el mundo es no poder ayudar a las personas que amamos. A veces uno siente que no puede hacer nada. Puede ser que se encuentren lejos o que la situación en su casa esté fuera de control. Pero hay algo que podemos hacer; de hecho, contamos con una de las armas más poderosas: ¡la oración! Dios nos llama a interceder por todas las personas. *Interceder* significa presentar las necesidades de otros ante Dios. La oración puede cambiar personas y cambia vidas. Cuando vea sufrir a sus amigos, sepa que usted puede pedir al Dios que mueve montañas y derrite corazones que actúe en su favor.

Instrucciones: Pida a cada miembro de la familia que piense en un amigo que sufre o por quien quiere orar. Escriba sus nombres en su diario de oración. Si no recuerdan a nadie al principio, deténganse y tómense un momento para pedir a Dios que les traiga a la memoria alguien que sufre y necesita de sus oraciones.

Querido Dios, hoy te presentamos a _____ en oración. Sabemos que está pasando por _____ (mencione la situación concreta) y tú eres la única respuesta a su situación. Ayúdale a sentir tu amor ahora mismo y en los días venideros. Gracias que en este mismo instante estás tocando a _____ de una manera real y tangible, dándole la sabiduría, la protección, la ayuda, la sanidad, la provisión y la liberación que necesita.

DÍA 22

Orando por las escuelas

Jesús dijo: Dejad a los niños venir a mí, y no se lo impidáis; porque de los tales es el reino de los cielos.

Mateo 19:14

Los centros educativos son áreas de gran influencia que afectan a alumnos, maestros y comunidades. El vestíbulo de una escuela puede rebosar de risas y amistad, los campos de deportes estar llenos de padres animadores, y el auditorio, lleno de participación comunitaria. No obstante, las escuelas pueden ser también lugares donde se sufre estrés, acoso, presión y soledad. Un ambiente escolar positivo puede cambiar la vida de uno. Para muchos, el estímulo que recibieron en el colegio es su único apoyo. Orar por una escuela no solo cambia la atmósfera, puede incluso salvar vidas. Una escuela sana influye en toda la comunidad.

Instrucciones: Organice un paseo de oración cerca de su escuela o dentro del edificio, si tiene permiso. Ore por los alumnos, maestros y miembros del cuerpo docente, por los nombres de los que conozca. Concluya orando por el edificio, las familias y los miembros de la comunidad representados en la escuela. Ore para reprimir el mal que intente infiltrarse en el centro, como la droga, el suicidio, el abuso y el acoso. Invite la presencia y el poder de Dios para que llene cada clase y cada vida.

Señor, te dedicamos esta escuela para tus propósitos, todas las clases y pasillos, todas las personas y actividades que en ella se desarrollan. Invitamos a tu santa presencia y poder que ocupe cada esquina y cada vida que asiste a este centro. Te presentamos a todos los estudiantes, maestros y miembros del personal, te pedimos que los guardes. Que todas las familias y miembros de la comunidad representados en esta escuela lleguen a conocerte, amarte y honrarte.

LA FAMILIA REBOSANTE DE ORACION

DÍA 23

Orando por los líderes de la comunidad y del gobierno

Exhorto ante todo, a que se hagan rogativas, oraciones, peticiones y acciones de gracias, por todos los hombres; por los reyes y por todos los que están en eminencia, para que vivamos quieta y reposadamente en toda piedad y honestidad.

1 Timoteo 2:1–2

La Escritura nos exhorta a respetar, honrar y orar por los que están en autoridad. ¿Pero qué pasa con aquellos cuyo carácter y actuación política no estamos de acuerdo? Aliéntese con la historia de Manasés (véase 1 Crónicas 33:1-20). Manasés condujo al pueblo de Israel lejos de Dios. Edificó templos a otros dioses, sacrificó niños y practicó la hechicería. Sin embargo, cuando clamó a Dios y se humilló, Dios le escuchó. Manasés incrementó el mal en el país, reedificó el templo y restauró la nación para Dios.

Instrucciones: Ore por los funcionarios del estado que conozca; después por los funcionarios municipales y los edificios donde trabajan. Ore por una transformación del corazón de los que están en autoridad y se oponen a Dios. Ore también que Dios cumpla su propósito a través de ellos, independientemente de su disposición a ser usados por Él. Concluya orando por los líderes nacionales.

Señor, te presentamos a los funcionarios municipales, provinciales, estatales y nacionales. Dales sabiduría y discernimiento para gobernar diligente y rectamente. Que ellos no obstruyan tu obra, sino cumplan tu voluntad y hagan avanzar tu Reino en nuestra comunidad y nación. Te pedimos también que puedan conocerte personal e íntimamente. Que ellos te honren en todos sus caminos.

DÍA 24

Orando por el personal militar

Dios es nuestro amparo y fortaleza, nuestro pronto auxilio en las tribulaciones

Salmo 46:1

Aunque Dios es un Dios de paz, vivimos en un mundo caído, lleno de maldad y de guerras. Mientras esperamos que llegue el día de paz, tenemos que dar gracias por los hombres y mujeres valientes que sirven en nuestras fuerzas armadas. Nuestra seguridad depende de su sacrificio y valentía.

Los soldados en cada cuerpo del ejército necesitan la protección física, emocional y espiritual de Dios. Podemos orar que Dios les ayude en medio de sus dificultades físicas y procesos emocionales que todos experimentan. No nos olvidemos de los que ya han prestado servicio y ahora se están adaptando a la vida civil.

Instrucciones: Ore por los soldados o veteranos que usted conozca personalmente. Después, ore por cada cuerpo del ejército: ejército regular, armada, cuerpo de marines, fuerzas aéreas, y guardia costera (si usted vive en otro país, ore asimismo por el ejército de la nación).

Dios Todopoderoso, oramos por los hombres y mujeres que sirven en las fuerzas armadas y por los líderes militares. Que ellos te conozcan como su refugio y su fortaleza. Oramos por todos los que están movilizados actualmente. Dales fortaleza, sabiduría y protección. Quita el temor de su corazón y protégeles del odio. Acompaña a sus familias y seres queridos en casa. Ayúdales a promover la causa de la paz mediante sus actos.

DÍA 25

Oraciones bíblicas para obtener éxito y favor

Te ruego, oh Jehová, esté ahora atento tu oído a la oración de tu siervo, y a la oración de tus siervos, quienes desean reverenciar tu nombre; concede ahora buen éxito a tu siervo, y dale gracia delante de aquel varón. Porque yo servía de copero al rey.

Nehemías 1:11

Los israelitas retornaron a Israel después de un prolongado exilio en Babilonia y hallaron las murallas de Jerusalén en ruinas. Cuando Nehemías se enteró de que la ciudad estaba desprotegida, su corazón se quebrantó. Nehemías aún vivía en Persia; de hecho, era copero del rey. Para ayudar a reconstruir la muralla, tuvo que acercarse al rey y pedirle un tiempo de ausencia en el trabajo. Estaba asustado, de modo que pidió por el favor del Señor.

No solo se le concedió su petición, el rey también le proporcionó protección y provisiones para reparar la muralla. Nehemías no temió el orar por el éxito y el favor de su empresa y Dios se los concedió generosamente.

Instrucciones: Apelando a la naturaleza generosa de Dios (véase Santiago 1:5), ore por cada miembro de la familia. Ore por el favor sobre cada vida y por cualquier circunstancia concreta que necesiten que Dios abra la puerta.

Señor, hoy te pedimos tu favor sobre _____. Dale éxito en todo lo que emprenda. Que su vida sea guiada por el Espíritu Santo, que ande por la senda que tú le has señalado para que obtenga éxito; que sea conocida como persona que se deleita en ti, y que todo lo que toque prospere. Te pedimos que derrames tu bendición de favor sobre él (o ella) este día y siempre.

DÍA 26

Orando por la economía de su familia

Traed íntegro el diezmo para los fondos del templo, y así habrá alimento en mi casa. Probadme en esto —dice el Señor Todopoderoso—, y ved si no abro las compuertas del cielo y derramo sobre vosotros bendición hasta que sobreabunde.

Malaquías 3:10, NVI

LA FAMILIA REBOSANTE DE ORACION

¿Qué cosa puede causar más estrés, descontento o preocupación que el dinero? La economía afecta a casi todos los aspectos de la vida, pero ¿ha hecho usted del dinero parte de su vida espiritual? Dios nos proporciona ingresos para comprar las cosas que necesitamos. Una manera de darle gracias es a través del diezmo, esto es, darle una porción (normalmente el 10 por ciento) de nuestros ingresos.

Instrucciones: Hable con sus hijos sobre cómo distribuyen sus ingresos para cubrir gastos. Evalúen después el presupuesto familiar. ¿Dónde ve usted la provisión de Dios? ¿De qué manera refleja su presupuesto lo que da? Juntos, entreguen sus recursos al Señor y oren por sus necesidades concretas.

Padre, gracias por proveer para nuestras necesidades. Reconocemos que todo lo que tenemos procede de ti. Dirige nuestro gasto y perdónanos por las veces en que hemos sido poco serios con el dinero. Ayúdanos a ser buenos mayordomos de nuestros recursos, a ahorrar e invertir sabiamente y no endeudarnos. Ahora mismo tenemos necesidad de _____ (mencione la necesidad concreta), y te pedimos que proveas para nosotros. Gracias por prometer que tú proveerás para todas nuestras necesidades conforme a tus riquezas en gloria.

DÍA 27

Congojas y decepciones de la vida

Bendito sea el Dios y Padre de nuestro Señor Jesucristo, Padre de misericordias y Dios de toda consolación, el cual nos consuela en todas nuestras tribulaciones, para

que podamos también nosotros consolar a los que están
en cualquier tribulación, por medio de la consolación
con que nosotros somos consolados por Dios. Porque
de la manera que abundan en nosotros las aflicciones
de Cristo, así abunda también por el mismo Cristo
nuestra consolación.

2 Corintios 1:3–5

Todos experimentamos decepciones: pérdidas de empleo, notas
bajas en exámenes, muerte de seres queridos, cambio de planes
o deterioro de salud. El desencanto puede conducir a confusión y angustia. No obstante, la Palabra de Dios promete que
Él sacará algo bueno de la pérdida y la pena (véase Romanos
8:28). Podemos permitir que el dolor, la confusión y la pérdida
nos acerquen a Aquel que verdaderamente satisface y consuela.

Instrucciones: Si algunos miembros de la familia necesitan oración por consuelo, confianza y estímulo, tómese tiempo
para orar específicamente por ellos. Este puede ser un tiempo
de honestidad y vulnerabilidad, y normalmente no es el mejor
momento para corregir o aconsejar. Envuélvanse con sus brazos unos a otros y pidan al Dios de todo consuelo que enjugue
sus lágrimas.

*Padre, nos presentamos como familia y te pedimos que
ministres tu amor a* _____. *Este mundo está fracturado
y sentimos personalmente esta fractura. Te pedimos que llenes a
de contentamiento y consuelo para que ella pueda experimentarte
como Padre que satisface y suple para sus necesidades. Sabemos
que tienes un buen plan para* _____, *y te pedimos que la*

animes a esperar un futuro brillante. Declaramos nuestra confianza en ti, Señor.

DÍA 28

Los pobres y los vagabundos

El que oprime al pobre afrenta a su Hacedor;
Mas el que tiene misericordia del pobre, lo honra.

Proverbios 14:31

Dios nos llama a ayudar a los pobres y sin hogar, pero a veces resulta difícil discernir cuál sea la mejor manera de servirles. Las ciudades suelen aconsejar a los turistas que no den dinero a los indigentes. En vez de darles dinero, el cual pueden usar para malgastar en hábitos negativos, algunas personas compran comida para los de la calle, o les ayudan a llamar y conseguir un albergue para indigentes. Tal vez no sepamos *cómo* o incluso a *quién* ayudar, pero sabemos que la oración es un instrumento poderoso para servir a los que están en necesidad.

Instrucciones: Pida a Dios que le recuerde específicamente las personas a quienes usted puede ayudar, y le muestre cómo. ¿Puede pensar en algún pobre, o persona sin hogar, que usted ve por su ciudad, quizá mientras pasa a su lado? Pida a Dios que los guarde y le muestre a alguien —quizá a su propia familia— maneras de ayudarles.

Dios de compasión, tú amas a los pobres y a los de la calle tanto que viniste a la tierra como un niño pobre y viviste como hombre sin hogar. Oramos por todos los pobres y sin techo en nuestra comunidad;

abre nuestros ojos para ver cómo podemos servirles. Te pedimos que te acerques a los necesitados, les consueles, y les bendigas con trabajo, cobijo, comida y amistad. Y sobre todo, te pedimos que lleguen a conocerte como Señor y Salvador, y a verte como Fuente de todas las cosas.

DÍA 29

Cambiando la atmósfera espiritual de su hogar

Porque no tenemos lucha contra sangre y carne, sino contra principados, contra potestades, contra los gobernadores de las tinieblas de este siglo, contra huestes espirituales de maldad en las regiones celestes.

Efesios 6:12

El día 9 hablamos de «limpiar» la casa de cosas espirituales o naturales que no honran a Dios. Pero ahora querrá sustituirlas por cosas que atraen su presencia, como adoración, alabanza, unidad, amor, compasión y perdón.

Instrucciones: Pregúntese: «¿Qué cosas atraen la presencia de Dios?» Pueden participar incluso los niños pequeños. Puede acudir a la lista de cosas o condiciones atmosféricas positivas y negativas del capítulo 4.

Haga una lista de maneras en las que puede honrar a Dios y a los demás de manera más deliberada. Hable de las influencias negativas que afectan a la atmósfera espiritual de su hogar y cómo vencerlas. Dios desea ser invitado a su casa para que ustedes puedan experimentar más de su vida y su gozo abundante.

Amado Dios, queremos que esta casa y nuestras vidas te glorifiquen. Deseamos que este lugar esté lleno de tu paz, amor y gozo tangibles. Nos comprometemos a ser guardianes de tu presencia en esta casa. Recuérdanos honrarte a ti y los unos a los otros con nuestras palabras y actos. Impulsa a nuestros corazones a detectar cualquier cosa que impida a tu Espíritu moverse libremente dentro de este lugar. Imprime en nuestro espíritu maneras en las que podemos cambiar la atmósfera de esta casa para que sea más cómoda para ti. Ven ahora y llena este lugar con tu gloriosa y transformadora presencia.

DÍA 30

El futuro y el llamado de su familia

Porque a la verdad David, habiendo servido a su propia generación según la voluntad de Dios, durmió.

Hechos 13:36

Todos somos llamados a hacer justicia, amar misericordia y andar humildemente ante nuestro Dios. (Véase Miqueas 6:8). Además, cada uno de nosotros recibe un llamamiento específico y, a veces, asignaciones concretas que cumplir (véase Efesios 2:19). Usted no está en su familia, su casa o su vecindario por accidente; ¡Dios tiene planes para usarlo! Pedir a Dios que revele el llamamiento de su familia puede abrir nuevas puertas de oportunidad y nuevas personas a quienes servir.

Instrucciones: Como familia:

INICIO DE UNA VIDA DE ORACIÓN FAMILIAR

▶ Pregunte a Dios por qué lo ha colocado en esta casa, vecindario, escuela, puesto de trabajo, ciudad y nación determinados. ¿Qué personas o necesidades en su medio puede Él haberle llamado a ministrar?

▶ Identifique situaciones en su sociedad que quebrantan su corazón (en escuelas, gobierno, vecindario o nación).

▶ Pida a Dios que muestre a su familia su llamamiento y dirección específicos. Escriba y comparta con los demás las palabras o ideas especiales que le vengan a la mente.

Señor, te damos gracias por nuestra familia; hemos sido creados de manera singular y única para un propósito especial. Aunque no entendamos cuál sea en este momento, te pedimos que nos prepares para el futuro que tú has planeado. También oramos personalmente por cada miembro de la familia, que él (o ella) descubra qué le estás llamando a hacer. Como individuos y como familia, úsanos para acercar a Cristo a las vidas y situaciones que nos rodean.

DÍA 31

Orando por un despertar espiritual en América

Si se humillare mi pueblo, sobre el cual mi nombre es invocado, y oraren, y buscaren mi rostro, y se convirtieren de sus malos caminos; entonces yo oiré desde los cielos, y perdonaré sus pecados, y sanaré su tierra.

2 Crónicas 7:14

Cuando el rey Jorge III de Inglaterra recibió la Declaración de Independencia de las colonias, la calificó de «delirio». Procuró aplastar la rebelión de inmediato, ejecutar a sus líderes y devolver rápidamente las colonias a la corona británica.

La guerra que se desató fue cruel. Las provisiones fueron escasas. El ejército de George Washington sufrió enfermedades y malnutrición. Los heridos morían congelados en el rigor invernal. Solo un tercio de los combatientes tenía calzado después de largas marchas, con pies destrozados, dejando huellas de sangre en la nieve. Soportaron cinco años de derrota, y a pesar de todo, siguieron luchando.

Ante ese panorama, George Washington ordenó izar una bandera en los navíos y campos de batalla estadounidenses como símbolo de esperanza: un árbol de hoja perenne debajo de las palabras *Una petición al cielo*. Washington sabía que las colonias necesitaban la intervención divina.

Doscientos cuarenta años después, Estados Unidos atraviesa una crisis distinta. Imagínese lo que podría suceder si las familias de todo el país se arrepintieran de sus pecados y clamaran para que su nación viera la necesidad que tiene de Dios. ¡Podríamos volver a ver otro Gran Avivamiento en nuestro país!

Instrucciones: Pida al Señor perdón por sus pecados y por los pecados de sus vecinos del barrio, ciudad, estado o provincia, y nación. Ore para que Dios lleve a cabo renovación espiritual en su familia. Luego amplíe su círculo de oración para incluir un despertar en todo su vecindario y comunidad. Concluya orando por un avivamiento espiritual en Estados Unidos (o en el país donde resida).

INICIO DE UNA VIDA DE ORACIÓN FAMILIAR

Señor, escucha la oración por nuestro país. Trae una profunda convicción de pecado y ayuda a este pueblo a constatar cuánto nos hemos alejado de ti. Te rogamos que cada persona y familia de nuestro estado y comunidad lleguen a conocerte, así como tu amor. Enciende, desata un avivamiento y haz que se extienda como el fuego por toda la nación, desde la familia más pobre hasta las más altas instancias del gobierno. Sabemos que eres un Dios grande y que puedes hacer que las naciones se conviertan a tu voluntad. En el poder de tu Espíritu Santo, clamamos por un despertar espiritual en Estados Unidos (su país).

Notas

Capítulo 1: Rebosar de oración

1. Norman V. Williams, *How to Have a Family Prayer Altar* (Chicago: Moody Press, 1951), 11–12.
2. Richard Koch, *The 80/20 Principle: The Secret to Achieving More with Less* (New York: Doubleday, 2008), 145.

Capítulo 2: El poder invencible de la familia que ora unida

1. Cheri Fuller, *When Families Pray: The Power of Praying Together* (Portland: Multnomah, 2001), 119–121.

Capítulo 4: Cambiando el clima espiritual

1. (Adaptado de) Mike Riches, *Libertad verdadera: Recupere el plan de Dios para su vida* (Gig Harbor, Wash: Sycamore Publications, 2008), n.p.

Capítulo 5: Incluyendo a Dios en la conversación

1. Arlyn Lawrence and Cheryl Sacks, *Prayer-Saturated Kids: Equipping and Empowering Children in Prayer* (Colorado Springs: NavPress), 113.

Capítulo 6: Orando por las necesidades de la familia

1. Mark Buchanan, *The Rest of God: Restoring Your Soul by Restoring Sabbath* (Nashville: Thomas Nelson, 2006), 74–75.
2. Cindy Jacobs, *El poder de la oración persistente: Cómo orar con mayor propósito y pasión* (Casa Creación, 2013), 115–116.

NOTAS

Capítulo 7: Relaciones familiares duraderas

1. W. Bradford Wilcox, profesor de sociología y director del National Marriage Project de la Universidad de Virginia, coautor de la investigación con Christopher Ellison, de la Universidad de Texas, San Antonio, y Amy Burdette, de la Universidad del Estado de Florida. Véase http://nationalmarriageproject.org/wordpress/.
2. Arlyn Lawrence and Cheryl Sacks, *Prayer-Saturated Kids: Equipping and Empowering Children in Prayer* (Colorado Springs: NavPress), 63–65.
3. Family Life Today, "Family Needs Survey," http://www.familylife .com/~/media/Files/FamilyLife/PDFs/2014%20and%20older /Family%20Needs%20Survey/Family NeedsSurveyBrochure.pdf.

Capítulo 8: Luchando contra las fuerzas de las tinieblas

1. Chuck D. Pierce and Rebecca Wagner Sytsema, *Protecting Your Home from Spiritual Darkness* (Ventura, Calif.: Regal, 2004; reissued Minneapolis: Chosen, 2014), 47–49.

Capítulo 11: Orando en todas las estaciones de la vida

1. Keith Wooden, *Teaching Children to Pray* (Grand Rapids, Mich.: Zondervan, 1992), 27.

Guía de oración de 31 días

1. Gary Smalley and John Trent, *The Blessing: Giving the Gift of Unconditional Love and Acceptance*, rev. (Nashville: Thomas Nelson, 2004), 109.
2. Dennis Trittin, "Leadership for a Lifetime: Brand," LifeSmart (blog), November 3, 2015, https://lifesmartblog.com/2015/11/03 /leadership-for-a-lifetime-brand.
3. Mike Riches, *Manual del Curso Libertad verdadera* (Gig Harbor, Wash.: Sycamore Publications, 2011), n.p.

Acerca de la autora

Cheryl Sacks es una líder nacional de oración, oradora, maestra y autora de éxito de *La Iglesia saturada por la oración*. Ella y su marido Hal, son fundadores de BridgeBuilders International, ministerio dinámico que equipa y anima a los creyentes a cambiar la atmósfera espiritual en los hogares, escuelas, empresas y lugares que visitan.

Sus iniciativas de oración han acarreado resultados mensurables y milagrosos en iglesias, escuelas y comunidades enteras, los cuales han llamado la atención a nivel nacional e internacional.

Cheryl sirve habitualmente a iglesias, empresas y líderes influyentes como consultora y mentora de oración. Ha escrito para diversas publicaciones, entre otras la revista *Pray!* (¡Ore!), *Toolbox* (Caja de herramientas) y *Purpose Driven Connection* (Conexión con fines específicos), del pastor Rick Warren, y sus enseñanzas han sido divulgadas por TBN y GOD TV.

También es coautora de *Prayer-Saturated Kids: Equipping and Empowering Children in Prayer* (Niños saturados por la oración: para equipar y capacitar a los niños que oran) y *Fire on the Family Altar: Experiencing the Holy Spirit's Presence in Your Home*. Como madre, abuela y ex maestra de escuela, a Cheryl le encanta invertir en la próxima generación. Uno de sus pasatiempos favoritos es contar a sus nietos relatos divinos que activan la fe y les hace sentir sed para orar y descubrir más de Él.

ACERCA DE LA AUTORA

Cheryl y Hal residen en Phoenix, Arizona.

Contacte con:

BridgeBuilders International Leadership Network

P.O. Box 31415

Phoenix, AZ 85046

www.BridgeBuilders.net